JN485229

제3판

경영수학

임재학 저

도서출판 원

머 리 말

지난 20년 동안 대학에서 경영수학을 강의하면서 수학을 포기한 학생들을 만날 때마다 그 학생들이 앞으로 공부해야 할 경영학과 회계학 분야의 곳곳에 도사리고 있는 수학을 어떻게 극복해 나갈 수 있을지 걱정이 되었다. 그동안 출판된 대학 경영수학은 고등학교 과정에서 일정 수준의 수학실력을 다졌다는 가정 하에 집필된 것이어서 수학의 기초가 부족한 학생들이 공부하기에는 다소 벅찬 면이 있었다. 그동안 강의를 하면서 학생들에게 필요할 것 같은 수학의 기초지식을 설명하였으며 또한 문제를 푸는 것 보다는 수학 이론의 개념을 이해하고 문제를 어떻게 수학적으로 모델링하고 해를 구하여야 하는지를 생각하는 것에 초점을 맞추었다. 다행스럽게도 학기 말 강의 평가에서 어려운 것으로만 생각했던 수학이 재미있는 것이라고 느껴졌다는 코멘트를 받았을 때 보람을 느끼곤 하였다.

그러나 평생교육체제 지원사업을 통해 설립된 여러 대학의 야간과정에서 공부하고 있는 학생들에게 현재 시중에서 시판되고 있는 대학 경영수학 교재를 이용하여 강의를 하면서 아무리 쉽게 설명하고 많은 예를 들어 줘도 수학이란 여전히 어렵고 알 수 없는 과목으로 남아 있을 수밖에 없는 한계가 있었다. 그 이유는 학업을 중단한지 적어도 10년씩 된 학생들로서는 중학교 시절 공부하였던 수학조차 기억에서 가물가물한 형편에 갑자기 함수, 행렬, 미분 등의 내용을 이해하고 적용한다는 것은 너무 힘든 일이었다.

본 교재는 철저하게 경영분야의 전공을 하고 있는 성인학습자들이나 2년제 대학에 속한 학생들을 위해 개발된 것이다. 지난 20년간 저자가 소속되어 있는 대학의 성인학습자들을 대상으로 경영수학을 강의한 경험을 바탕으로 학생들의 눈높이에 맞추어 기초적인 개념부터 설명을 시작을 하고 경영학이나 회계학, 세무 및 부동산 분야의 공부에 필요한 내용이나 수준까지 설명하려고 노력을 하였다.

이를 위하여 중학교 수학 참고서나 고등학교 문과반에서 다루고 있는 수학의 내용들을 정리하여 교재의 내용들을 구성하였다. 따라서 수의 개념, 문자와 식, 집합, 방정식과 부등식 등의 내용을 교재의 앞부분에서 설명한 후 함수의 개념과 그래프를 그리는 방법 및 최댓값과 최솟값에 대한 설명을 시작으로 행렬과 행렬의 응용 그리고 미분법과 미분법을 이용한 극댓값과 극솟값을 판정하는 방법을 다루었다. 본 교재에서는 일반적인 경영수학에서 다루는 선형계획법이나 적분 등의 내용은 과감하게 뺐으며 향후 전공수업에 필요한 수학의 내용들만으로 구성하였다고 자부한다.

이 교재는 기초적인 수학의 개념에 대한 설명을 포함하고 있으며 각 개념에 대한 예제를 삽입하여 학생들의 이해를 도왔을 뿐만 아니라 각 장마다 많은 연습문제를 준비하여 학생들이 스스로 공부할 수 있도록 하였다.

교재를 만드는 작업은 언제나 그렇듯이 항상 아쉬움이 남는 작업이다. 처음 시작하였을 때 거창하게 계획했던 교재의 틀과 내용은 여러 가지 이유로 달성되지 못하고 졸고가 탄생되었음을 고백한다. 3판은 2판에서 발견된 오타와 오류들을 수정하였으며 특히 연습문제의 해답에 오류가 있는 부분을 수정하여 학생들이 스스로 학습하는데 어려움이 없도록 하였다. 그동안 오류를 찾아 알려준 한밭대학교 회계세무부동산학과 학생들에게 감사한다. 이 교재의 처음 발간부터 3판이 발간되기까지 도와주신 원출판사의 정성열대표님과 직원선생님들께 감사의 마음을 전한다.

2025년 2월

저자 일동

목 차

경영수학

Chapter 1

서론

제 1 절 경영과 수학

현대 사회에서 기업들이 직면하고 있는 문제들은 매우 복잡하며 문제의 규모가 점점 더 커지고 있다. 이런 문제들에 대한 답은 좀 더 과학적이고 체계적인 접근을 통해서만 구할 수 있다. 과거의 경영자들은 경영자의 경험에 의존한 직관적 의사결정을 하였으나 현대의 경영자들은 더 이상 그들의 직관에 의존할 수 없게 되었다. 따라서 현대의 경영자들은 아주 체계적이고 과학적인 의사결정 방법을 점점 더 많이 활용하는 추세이다.

기업의 경영활동은 크게 제품이나 서비스를 생산하는 생산활동, 생산된 제품이나 서비스를 판매하는 판매활동, 제품이나 서비스의 생산에 소요되는 원자재나 재료를 구입하는 구매활동, 그리고 그 과정에서 소요되는 자본을 조달하고 관리하는 재무활동 등으로 구분할 수 있다. 이 모든 활동에서 기업의 다양한 의사결정자들은 의사결정 문제에 부딪히게 된다.

예를 들어보자. 제품을 생산하는 경우 비용이 발생한다. 이 비용은 크게 생산량과 관계없이 발생하는 고정비용과 생산량에 따라 비례하는 변동비로 구분한다. 따라서 총생산비용은 변동비와 고정비를 합한 것이다. 이를 수식으로 표현하면 $C(Q)=C_f+C_vQ$로 간단하게 나타낼 수 있다. 단, $C(Q)$는 총생산비용, C_f는 고정비, C_v는 단위변동비, Q는 생산량을 나타낸다. 만일 고정비가 5억이고 단위 변동비가 50만원이라면 제품 10,000개를 생산하는데 소요되는 총생산비용은 얼마인가? 또는 제품을 10,000개를 생산하였다면 제품 하나당 평균 생산비용은 얼마인가? 이와 같은 질문에 대한 답을 할 때 현실세계에서 발생하는 상황을 수학적 모형으로 만든 후 요구하는 질문에 대한 답을 구하면 현실세계의 문제에서 답을 구하는 것 보다 훨씬 간편할 것이다.

이처럼 현실세계에서 발생하는 상황을 수학의 세계로 끌어들여 수학에서 사용하는 여러 가지 이론들을 적용하여 표현하는 것을 모형화라 하며 이 과정을 추상화라고 한다.

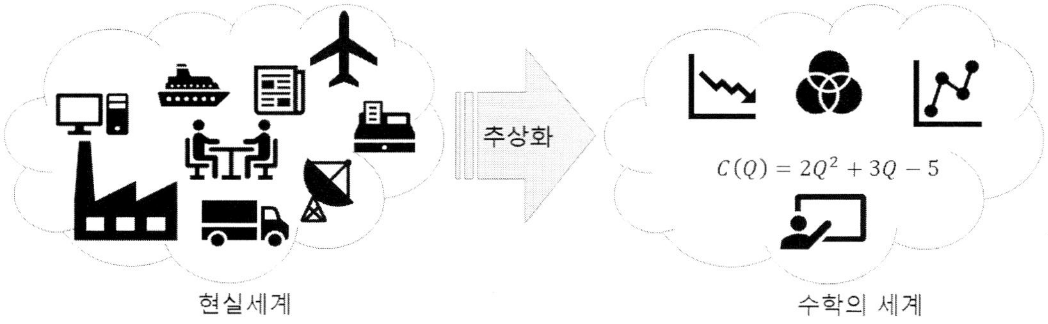

현실세계를 수학의 세계에서 모형화 과정은 여러 가지 단계로 구성되어 있다. 가장 먼저 사용하는 것이 '수(number)'의 개념이다. 인류는 아주 오러전에 수를 사용하여 현실세계에서 발생하는 여러 가지 상황을 모형화하기 시작하였다. 오랜 옛날 숫자는 물건을 세기 위해서 꼭 필요한 것이었다. 옛날 사람들은 단순히 눈으로 봐서는 자신의 가축이 그대로 있는지 알 수 없었다. 그렇다면 어떤 방법으로 가축을 헤아렸을까? 어떤 원주민이 염소 여덟 마리를 키우고 있었다고 가정해보자. 그 당시 사람들은 숫자라는 것이 없었기 때문에 염소 우리 옆에 있는 나무에 염소 한 마리에 눈금 하나, 또 한 마리어 눈금 또 하나를 표시하는 방법으로 모두 여덟 개의 눈금에 새겨 놓았을 것이다. 이렇게 세는 기술과 더불어 그 개수를 표시하는 기술도 필요했다. 즉 숫자가 탄생하게 되는 것이다.[1] 숫자가 생겨나면서 가축들의 마릿수를 헤아리는 데 도움이 되었을 것이다. 그러다 가축들을 교환하거나 거래하는 일이 생기면서 숫자들을 이용한 덧셈, 뺄셈, 곱셈, 나눗셈의 개념들도 생겨났을 것이다.

또한 구체적인 값이 주어지지 않거나 일반적인 수량을 나타낼 때 사용되는 문자는 수량 사이의 관계를 간단히 나타낼 수 방법이다. 미지수를 문자로 처음 나타낸 사람은 고대 그리스의 수학자 디오판토스이다. 문자를 사용하면 수량 사이의 관계를 간단히 나타낼 수 있을 뿐만 아니라 다른 사람들과 공유할 수 있다는 장점이 있다. 우리가 잘 알다시피 반지름이 R인 원의 둘레는 2(3.14)R이다. 이 공식에서 원의 반지름은 원에 따라 그 값이 달라지기 때문에 일정하지 않은 R이라는 문자를 사용한다. 원의 둘레를 구하는데 사용되는 이 공식은 세계 여러 나라 사람들이 쉽게 이해하고 사용할 수 있다. 기업의 경영에서도 앞에

1) [네이버 지식백과] 고대 숫자 – 옛날 사람들은 숫자를 어떻게 썼을까? (국립중앙과학관 – 수의 역사)

서 설명한 바와 같이 총생산비용을 생산량의 식으로 나타내는데 Q라는 문자를 생산량으로 정의하면 매우 간편하게 나타낼 수 있다.

또한 방정식이나 부등식을 이용하여 현실의 문제들을 수학적 모형으로 표현할 수 있고 문제에 대한 답을 얻는 과정을 체계적으로 만들어 쉽게 답을 구할 수 있게 되었다. 예를 들어보자.

의자 한 개를 만드는데 작업시간 20분과 재료비 2000원이 소요되며 책상 하나를 만드는데 작업시간 30분과 재료비 1000원이 소요된다. 만일 작업시간이 600분, 재료비용이 40000원이 주어지면 몇 개의 의자와 책상을 만들 수 있는지 알아보고자 한다. 이와 같은 문제를 수학의 세계에서 표현할 때 의자의 생산량을 x라하고 책상의 생산량을 y라고 하면 다음과 같은 연립방정식을 세울 수 있다.

$$\begin{cases} 20x + 30y = 600 \\ 2000x + 1000y = 40000 \end{cases}$$

집합의 개념은 수학에서 매우 중요한 것으로 칸토르에 의해 정립되었다. 칸토르는 "집합이란 우리들의 직관 또는 사고에 의해서 대상으로 확정되고 서로 명확하게 구별되는 것들을 모은 것"이라고 정의하였다. 칸토르는 당시 아직 정립되지 않은 무한의 개념을 확립하고자 집합을 연구하며 여러 수학자들의 지지를 얻기도 했으나 한편으로는 직관적으로 이해할 수 없는 여러 이론 때문에 배격당하기도 하였다. 칸토르 이후 수학은 집합을 사용하지 않고서는 전개가 되지 않을 정도로 중요한 분야가 되었다.[2)]

자동차 회사인 H사의 모델별 지난 5년 동안의 판매대수를 정리하면 아래의 표와 같이 정리할 수 있을 것이다.

연도 \ 모델	A	S	G	P
2016	23,115	60,917	44,571	50,874
2017	70,862	79,972	68,983	56,842
2018	53,737	98,362	19,122	42,276
2019	40,297	39,180	16,305	36,560

2) [네이버 지식백과] 집합과 원소 (통합논술 개념어 사전, 2007. 12. 15. 한림학사)

이 자료를 표 대신 아래와 같이 나타낼 수 있는데 이곳을 행렬이라 한다. 행렬을 사용하면 매우 복잡한 계산도 간단하게 나타낼 수 있다. 예를 들어 각 모델의 가격이 1500만원, 2300만원, 3400만원, 5200만원이라고 할 때 연도별 판매수입은 행렬의 연산을 이용하면 간편하게 나타낼 수 있으며 계산도 쉽게 할 수 있다.

$$\begin{bmatrix} 23,115 & 60,917 & 44,571 & 50,874 \\ 70,862 & 79,972 & 68,983 & 56.842 \\ 53,737 & 98,362 & 19,122 & 42,276 \\ 40,297 & 39,180 & 16,305 & 36,560 \end{bmatrix}$$

행렬(matrix)이란 단어는 1848년 실베스터가 수학에 처음으로 사용한 것으로 기업 경영이나 다양한 분야에서 발생하는 의사결정과 관련된 상황을 표현할 때 행렬을 이용하면 매우 간편하게 표현할 수 있다.

두 집합사이의 관계를 표현한 것이 함수이다. 함수의 개념을 발견한 사람은 데카르트인데 그는 평면의 곡선을 변화하는 두 양사이의 관계식으로 나타내었다. 라이프니츠는 함수라는 용어를 처음 사용하였는데 그는 함수를 수식으로 으로만 생각해서 변량사이의 관계를 표현한 수식을 함수라고 하였다. 그러나 오늘날 함수의 정의는 두 집합사이의 관계로 정의되고 있는데 이는 칸토어가 집합론을 완성하면서 만들어 진 것이다.

오늘날 경영・경제 분야뿐만 아니라 함수가 사용되는 영역은 매우 광범위하다. 특히 경영・경제 분야에서는 세무회계, 재무회계, 재무관리 및 생산관리 등에서 함수가 사용되고 있다. 예를 들어 은행에서 복리이자를 적용한 원리합계를 계산하는 경우를 살펴보자. 원금이 A이고 이자율이 r이며 일 년에 m번 이자계산을 한다고 할 때 k년 후의 원금과 이자의 합계를 나타내는 함수 $\mathrm{V}(r, k, m)$는 다음과 같이 나타낼 수 있다.

$$\mathrm{V}(r, k, m) = \mathrm{A}(1+\frac{r}{m})^{mk}$$

미분은 우리가 생각하는 것보다 역사가 매우 깊다. 미분은 고대로 거슬러 올라간다. 대표적으로 크니도스의 에우독소스와 고대 그리스의 아르키메데스, 중국의 유휘 등이 있다. 고대 수학자들은 대상을 잘게 나눠서 더하는 과정을 극한으로 하여 무한대와 무한소를 고려하며 원의 둘레를 구하고 구와 원기둥의 부피를 계산하였다. 20세기에 들어서 미분의 개념은 뉴턴과 라이프니츠 두 사람이 각각 독자적인 방법으로 미분에 기여하였다. 뉴턴은 기하학을 바탕으로 순간적인 변화량을 구하는 방법을 제안하였으며 라이프니츠는 함수 $f(x)$에서 x가 무한히 작은 증분인 미분(영어: differential)의 변화량을 가질 때 $f(x)$의 변화량을 구하는 방법으로써 미분을 하였다. 오늘날에는 보다 수학적으로 효율적인 라이프니츠의 방법이 주로 쓰인다.[3)]

경영・경제 분야에서 미분은 극댓값이나 극솟값을 구하는 데 활용되고 있다. 예를 들어 보자. 어떤 제품의 가격과 수요량(생산량)과의 관계가 $p = 200 - 1.5Q$라고 하고 한 주에 제품 Q개를 생산하는 데 소요되는 원가는 500 + 65Q이라고 하자. 만일 이 회사의 주당 최대 생산능력이 100이라면 최대 이익을 얻기 위한 주당 생산량을 얼마로 해야 하는지 결정하고자 한다. 이 경우 우리는 '이익 = 수입 – 비용'을 이용하여 이익을 생산량의 함수로 나타내고 미분을 이용하여 이익을 최대로 하는 생산량을 구할 수 있다.

이와 같이 수학은 경영・경제의 모든 분야에서 활용될 수 있다. 21세기가 시작되면서 정보통신기술의 발달은 기업의 경영환경과 업무수행 방법에 큰 변화를 일으키고 있다. 기업의 의사결정자들도 다양한 정보시스템이 제공하는 정보에 근거하여 의사결정을 함으로써 의사결정의 질을 높이고 있다. 그러나 컴퓨터나 인공지능이 아무리 발달하여도 사람이 반드시 해야 할 부분이 존재한다. 그것은 바로 추상화 과정이며 수학적 모형을 만들어 내는 일이다. 수학적 모형이 만들어지면 그 모형을 이용하여 답을 구하는 과정은 컴퓨터가 하도록 하면 된다. 현실의 문제를 수학적 모형으로 표현하는 과정에서 두 가지 중요한 요건이 있다. 하나는 수학적 모형이 현실의 문제를 얼마나 근접하게 표현하고 있는지 이다. 그러기 위해서는 모형이 현실의 여러 가지 상황을 포함하고 있어야 하나 너무 복잡해 질 수 있다는 단점이 있다. 복잡한 모형은 현실 문제를 근접하게 표현할 수는 있으나, 이에 대한 답을 구하지 못하는 경우가 많다. 따라서 수학적 모형은 단순화가 또 다른 중요한 요건이 된다. 이 두 가지 요건을 충족하는 모형을 만들 수 있으면 기업 경영에 필요한 가장 효과적인 의사결정을 할 수 있으므로 이러한 모형을 만드는 데 필요한 수학의 중요성은 점점 더 강조되고 있다.

---

3) 위키 백과

제 2 절 본 서의 구성

본 교재에서는 경영학이나 회계학을 공부하는 데 꼭 필요한 수학의 다양한 주제에 대해 다룬다. 2장에서는 수의 체계와 제곱근 등에 대해 다루고 집합의 정의와 연산에 대하여 다루었다. 3장에서는 문자를 이용하여 식을 만드는 개념에 대해 설명하고 단항식의 계산과 다항식의 계산을 다룬다. 또한 단항식의 계산에서는 지수의 개념 및 계산방법에 대해 설명하고 다항식의 계산에서는 다항식의 사칙 연산 및 완전제곱 등에 대해 다룬다. 4장에서는 일차방정식 및 연립일차방정식의 해를 구하는 방법에 대하여 설명하고 부등식의 개념에 대해서도 다룬다. 5장에서는 인수분해의 개념과 인수분해를 하는데 필요한 여러 가지 기법들에 대해 설명한다. 또한 이차방정식의 풀이와 기업 경영과 관련된 의사결정 문제들을 해결하기 위하여 이차방정식을 이용하는 방법을 다룬다. 6장에서는 함수의 개념, 일차함수와 이차함수의 그래프를 그리는 방법 및 2차 함수의 최댓값과 최솟값을 구하는 방법에 대해 설명한다. 또한 초월함수 중 경영분야에서 많이 활용되는 지수함수와 로그함수에 대해 다룬다. 7장에서는 행렬의 기본개념과 행렬식과 연립방정식 그리고 행렬의 응용에 대하여 설명한다. 8장에서는 함수의 극한과 미분의 기본적인 공식과 법칙에 대해 설명하고 도함수를 이용하여 함수의 극댓값과 극솟값을 구하는 방법에 대해 다룬다.

Chapter 2

수와 집합

제 1 절 수의체계

수학이라는 학문의 기초는 수에서부터 출발한다. '오늘날 우리가 사용하는 수의 체계'는 잘 알다시피 인도와 아라비아에 의하여 세워졌다. 이를 흔히 아라비아 숫자라고 하지만 인도–아라비아 숫자라고 하는 것이 더 정확하다. 인도–아라비아 숫자는 인간의 가장 위대한 발명품 중 하나로서 이를 사용하면서 수학과 과학은 큰 발전을 이뤘다. 오늘날 인도–아라비아 숫자는 우리 생활 깊숙이 자리 잡았으며 거의 유일한 세계 공통의 '언어'로 통용되고 있다.

수의 체계는 <그림 2–1>에서 보는 바와 같으며 수는 크게 실수와 허수로 나누어지며 실수는 유리수와 무리수로 나뉘고 유리수는 정수와 정수가 아닌 유리수로 나뉜다. 그리고 정수는 자연수, 0 그리고 음의 정수로 나누어진다.

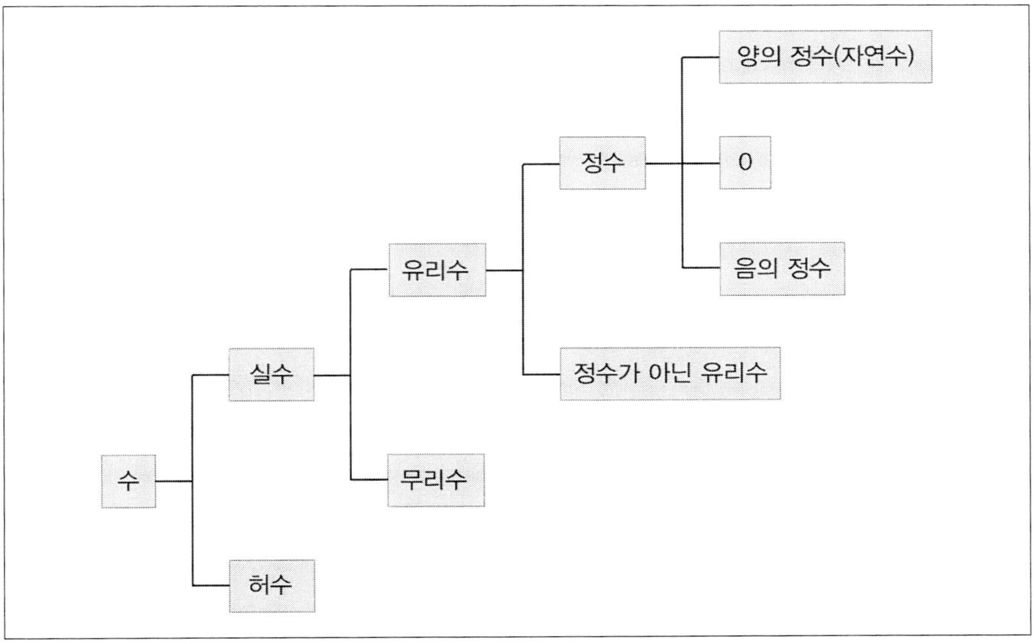

〈그림 2-1〉 수의 체계

우리가 맨 처음 배우는 수는 자연수이지만 수의 종류에는 자연수만 있는 것은 아니다. 0의 개념은 고대 인류사회에서 '없음' 또는 '부재'를 나타내기 위한 것으로 인도에서 발견되었다고 알려져 있지만, 누구에 의해 발견되었는지 언제 탄생한 개념인지 알려져 있는 것이 없다. 다만 자연수나 분수보다 훨씬 늦게 탄생했다는 것만 알려져 있다. 숫자 0이 수학 안으로 들어오게 되는 데는 7세기경 인도의 수학자이자 천문학자였던 브라마굽타가 지대한 공헌을 하였다. 그는 양수를 자산으로 음수를 부채로 설명하는 방법을 통해 음수개념을 도입하기도 하였다.

자연수는 1부터 시작하는 수로 현재 우리가 일상생활에서 사용하는 대부분의 수를 말한다. 자연수 1, 2, 3, … 은 원래 +1, +2, +3 인데 수학에서 양(+)의 부호를 생략해도 무관하도록 약속하여 실제로 우리가 쓰는 것은 양의 부호가 생략된 것이다. 자연수는 1, 2, 3, … 으로 쓰지만 양의 부호를 붙였을 때는 +1, +2, +3, … 을 읽을 때 플러스(plus) 일, 플러스 이, 플러스 삼, … 으로 읽는다.

자연수에 음의 부호 '−'를 붙이면 −1, −2, −3, … 과 같이 되며 이를 음의 정수라고 한다. 음(−)의 부호는 양의 부호와는 반대로 −1, −2, −3, … 으로 나갈수록 그 수가 점점 작아지게 된다. 또한 음의 정수는 실생활에서 자연수와 대비되는 개념으로 온도를 표현할 때 영상은 '+'로 표현하는 반면 영하를 '−'로 표현할 수 있다. 음의 정수는 음의 부호를 꼭 붙여야 하며, −1, −2, −3, … 으로 하며 마이너스(minus) 일, 마이너스 이, 마이너스 삼, … 등으로 읽는다.

0은 부호가 없는 수이다. 앞에서도 설명하였듯이 0의 개념은 고대 인도에서 탄생하였으며 다음과 같이 다양한 설명이 가능한 숫자이다. 우선 0은 양수와 음수를 가르는 기준점 역할을 한다. 회계학에서 손익분기점이라는 용어는 이익과 손실을 구분하는 것을 의미한다. 또한 0은 '아무것도 없음'을 나타내거나 시작점을 나타내기도 한다.

이와 같이 수는 자연수(양의 정수), 0, 음의 정수로 나누어지는데 이를 통틀어 정수라 한다. 정수는 I로 표기하기도 하는데 I는 Integer의 약자이며 양의 정수는 N으로 표기하기도 하는데 N은 Natural의 약자이다.

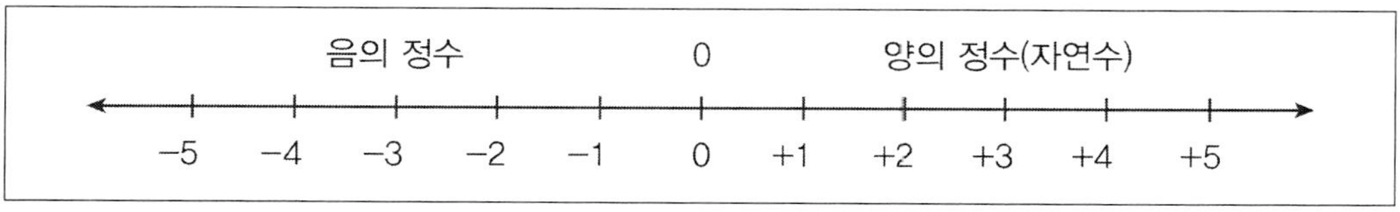

〈그림 2-2〉 정수의 수직선 표현

이제 정수를 수직선 위에 나타내보자. 프랑스의 철학자이자 물리학자이며 수학자였던 데카르트(1596~1650)는 수를 수직선으로 나타내기 위해 수학적 약속을 했다. 이것은 우리가 현재에도 쓰고 있는 수직선으로 <그림 2-2>와 같다.

방향이나 부호를 무시하고 오직 거리만을 고려한 것이 절댓값이다. 예를 들어 <그림 2-2>의 수직선 위에 있는 숫자 중 –4는 0을 중심으로 왼쪽에 있고 +4는 오른쪽에 있는 숫자들이다. 이때 방향을 무시하고 0으로부터 얼마나 떨어져 있는지만 고려하면 두 숫자는 모두 4만큼 떨어져 있는 숫자이다. 이처럼 숫자의 부호를 무시하고 0으로부터 얼마나 떨어져 있는지를 나타내는 숫자를 그 수의 절댓값이라고 하며, 기호로 | |을 사용하여 나타내며 다음과 같이 정의된다.

$$|x| = \begin{cases} x\ , & x \geq 0\text{인 경우} \\ -x\ , & x < 0\text{인 경우} \end{cases}$$

유리수(有理數)는 분자와 분모로 이루어진 분수를 말한다. 여기서 분자와 분모는 정수이고 분모는 0이 되면 안 된다. 양의 부호인 '+'가 붙으면 양의 유리수, 음의 부호인 '–'가 붙으면 음의 유리수이다.

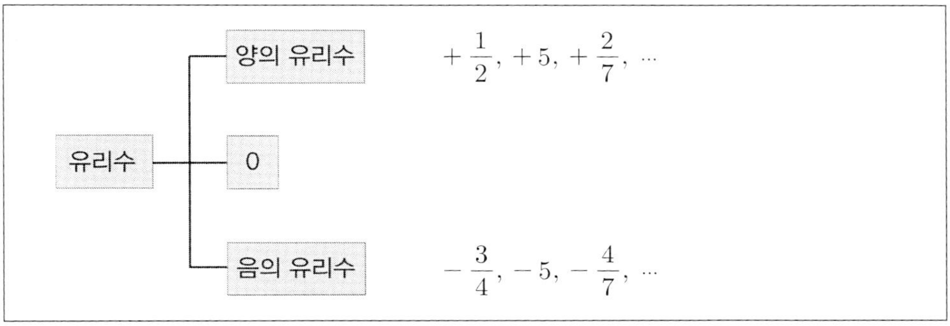

양의 유리수 +5는 분모가 +1, 분자가 +5 로 되어 유리수 형태로 나타내면 $+\frac{5}{1}$이다. 이를 +5로 나타낸 것이므로 유리수가 된다. 물론 양의 정수도 된다. 음의 유리수 –5도 $-\frac{5}{1}, -\frac{10}{2}, -\frac{15}{3}$,… 등 약분하기 전의 유리수로 나타낼 수 있다. 따라서 –5도 음의 유리수이며 음의 정수도 된다. 그런데 유리수를 분류할 때는 0을 꼭 포함해야 한다. 유리수를 좀 더 세분화하면 <그림 2-3>과 같으며 유리수 안에는 정수와 정수가 아닌 유리수가 있다. 정수가 아닌 유리수는 말 그대로 약분을 하여도 유리수 형태로 남아 있는 수를 말한다.

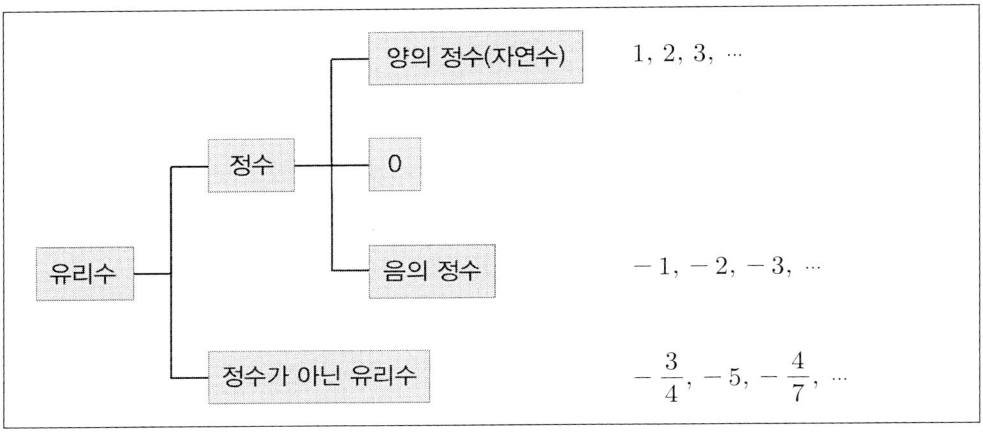

〈그림 2-3〉 유리수의 체계

유리수에 대비가 되는 개념인 무리수에 대해 알아보자. 무리수는 실수 가운데 두 정수의 비, 즉 분수로 표현할 수 없는 수를 의미한다. '어떤 수에 그 자신을 곱할 때, 2가 되는 수가 있을까?'라는 질문이나 '정사각형의 넓이가 3이 되게 하려면 한 변의 길이는 얼마가 되어야 하는가?' 등의 질문에 대한 답은 두 정수의 비로 나타나는 수, 즉 유리수에서는 찾을 수 없다. 이와 같이 두 정수의 비로 나타낼 수 없는 수를 무리수라고 하며, 무리수와 유리수를 합하여 실수라고 한다.

$\sqrt{2}$, $\sqrt{3}$, $\sqrt{5}$와 같이 제곱으로 나타낼 수 없는 양의 정수의 제곱근은 모두 무리수이며, 세제곱근 $\sqrt[3]{2}$, $\sqrt[3]{3}$, $\sqrt[3]{5}$ 등도 무리수이다. 이외에도 자연지수 e, 원주율 π도 무리수이다.

수는 크기에 따라 대소 관계를 정의할 수 있으며 기본적인 대소 관계는 다음과 같다.

두 실수 a, b에 대하여

① $a-b>0$이면 $a>b$이다.

② $a-b=0$이면 $a=b$이다.

③ $a-b<0$이면 $a<b$이다.

예 제

2-1. 다음 중 실수가 아닌 것은?

① -2 ② $\frac{1}{3}$ ③ $\sqrt{5}$ ④ $\sqrt{-2}$

풀 이 ④ $\sqrt{-2}$는 허수이다.

2-2. 다음 중 유리수가 아닌 것은?

① 0 ② $\frac{4}{7}$ ③ $\sqrt{16}$ ④ $\sqrt{7}$

풀 이 ④ $\sqrt{7}$은 분수로 표현할 수 없는 무리수이다.

2-3. 다음 중 무리수가 아닌 것은?

① $\sqrt[3]{5}$ ② $\frac{2}{3}$ ③ π ④ e

풀 이 ② $\frac{2}{3}$는 유리수이다.

제 2 절 거듭제곱과 제곱근의 뜻과 성질

핵심용어

거듭제곱

거듭제곱은 같은 수를 여러 번 곱했을 때 곱해진 개수를 그 수의 오른쪽 위에 나타낸 것을 말한다.

$3\times3=9$이지만 3을 두 번 곱했으므로 3^2 와 같이 표현할 수 있다. 여기서 3은 밑, 2는 지수라 한다. 읽을 때는 '삼의 제곱'으로 읽는다. $3\times3\times3=3^3$ 이므로 3을 세 번 곱한 것이다. 읽을 때는 '삼의 세제곱'으로 읽는다. $2\times2\times3\times3\times3$은 $2^2\times3^3$ 으로 나타낸다. 1은 무한대로 제곱을 해도 항상 1이다. 1을 무수히 곱해도 1×1×1×... 이므로 결국 1인 것을 항상 기억하길 바란다.

핵심용어

제곱근

제곱근이란 $x^2=a(a>0)$를 만족할 때, x는 a의 제곱근이라 하고 양수를 양의 제곱근, 음수를 음의 제곱근이라 한다. 제곱해서 0이 되는 수는 C뿐 이므로 0의 제곱근은 오직 0이다.

$a(a>0)$의 제곱근을 기호 $\sqrt{\ }$(근호)를 사용하여 $\sqrt{a}$, $-\sqrt{a}$로 나타내고 $\sqrt{a}$를 루트 a라고 읽는다.

예 제

2-4. 5의 제곱근은 얼마인가?

풀 이 제곱해서 5가 되는 수이므로 $\sqrt{5}$와 $-\sqrt{5}$이다.

제곱근은 다음과 같은 성질을 갖는다.

$a > 0$ 일 때,
① $(\sqrt{a})^2 = a$, $(-\sqrt{a})^2 = a$ 이며
② $(\sqrt{a^2}) = a$, $\sqrt{(-a)^2} = a$ 이다.

제곱근의 대소 관계는 실수의 대소 관계와 같다.

두 실수 $a > 0$, $b > 0$일 때,
① $a < b$이면 $\sqrt{a} < \sqrt{b}$이며
② $\sqrt{a} < \sqrt{b}$이면 $a < b$이다.

예 제

2-5. 제곱근의 성질을 이용하여 다음 물음에 답하시오.

(1) $(\sqrt{3})^2$ (2) $(-\sqrt{7})^2$ (3) $\sqrt{5^2}$ (4) $\sqrt{(-2)^2}$

풀 이 (1) $(\sqrt{3})^2 = 3$ (2) $(-\sqrt{7})^2 = 7$
(3) $\sqrt{5^2} = 5$ (4) $\sqrt{(-2)^2} = 2$

제 3 절 근호를 포함한 식의 사칙연산

일반적으로 수의 사칙연산은 덧셈, 뺄셈, 곱셈, 나눗셈으로 구분된다. 근호를 포함한 식의 연산도 마찬가지로 덧셈, 뺄셈, 곱셈, 나눗셈으로 구분된다. 근호를 포함한 식의 덧셈과 뺄셈은 근호 안의 숫자가 같으면 연산이 가능하나 근호 안의 수가 다르면 계산을 할 수 없다.

> 두 실수 $a>0,\ b>0,\ x>0$일 때,
> ① $a\sqrt{x}+b\sqrt{x}=(a+b)\sqrt{x}$　　② $a\sqrt{x}-b\sqrt{x}=(a-b)\sqrt{x}$

근호를 포함한 식의 곱셈과 나눗셈은 제곱근 안의 숫자에 관계없이 가능하며 다음과 같다.

> 두 실수 $x>0,\ y>0$일 때,
> ① $\sqrt{x}\times\sqrt{y}=\sqrt{xy}$　　② $\sqrt{x^2y}=x\sqrt{y}$　　③ $\dfrac{\sqrt{x}}{\sqrt{y}}=\sqrt{\dfrac{x}{y}}$

근호를 포함한 식의 연산법칙을 이용하면 제곱근으로 구성된 분수에 대하여 분모를 유리수로 바꿀 수 있다. 즉, $\dfrac{\sqrt{x}}{\sqrt{y}}=\dfrac{\sqrt{x}}{\sqrt{y}}\times\dfrac{\sqrt{y}}{\sqrt{y}}=\dfrac{\sqrt{x}\sqrt{y}}{\sqrt{y^2}}=\dfrac{\sqrt{xy}}{y}$와 같이 된다. 또한 괄호가 있는 경우에는 분배법칙을 이용하여 괄호를 풀어 계산하고, 덧셈, 뺄셈, 곱셈, 나눗셈이 섞여 있는 경우는 곱셈과 나눗셈을 먼저 계산하면 된다. 따라서 $\dfrac{1}{\sqrt{x}-\sqrt{y}}$를 간략하게 하면

$$\frac{1}{\sqrt{x}-\sqrt{y}}=\frac{\sqrt{x}+\sqrt{y}}{(\sqrt{x}-\sqrt{y})(\sqrt{x}+\sqrt{y})}=\frac{\sqrt{x}+\sqrt{y}}{(\sqrt{x})^2+\sqrt{xy}-\sqrt{xy}-(\sqrt{y})^2}=\frac{\sqrt{x}+\sqrt{y}}{x-y}$$

이 된다. $\dfrac{1}{\sqrt{x}-\sqrt{y}}$도 유사한 방법으로 분모를 유리수로 바꾸어 간략화 할 수 있다. 이를 정리하면 다음과 같다.

두 실수 $x>0$, $y>0$일 때,

① $\dfrac{\sqrt{x}}{\sqrt{y}}=\dfrac{\sqrt{xy}}{y}$

② $\dfrac{1}{\sqrt{x}-\sqrt{y}}=\dfrac{\sqrt{x}+\sqrt{y}}{x-y}$, $\dfrac{1}{\sqrt{x}+\sqrt{y}}=\dfrac{\sqrt{x}-\sqrt{y}}{x-y}$

위의 성질을 이용하여 $\dfrac{\sqrt{3}}{\sqrt{5}}$의 분모를 유리화하면 다음과 같이 된다.

$$\frac{\sqrt{3}}{\sqrt{5}}=\frac{\sqrt{3}}{\sqrt{5}}\times\frac{\sqrt{5}}{\sqrt{5}}=\frac{\sqrt{3}\sqrt{5}}{\sqrt{5^2}}=\frac{\sqrt{3\times5}}{5}=\frac{\sqrt{15}}{5}$$

또한 $\dfrac{1}{\sqrt{3}-\sqrt{2}}$의 분모를 유리화하면 $\dfrac{1}{\sqrt{3}-\sqrt{2}}=\dfrac{\sqrt{3}+\sqrt{2}}{3-2}=\sqrt{3}+\sqrt{2}$가 된다.

예 제

2-6. 다음 식을 간단히 하시오.

(1) $\sqrt{5}+3\sqrt{5}$ (2) $\sqrt{2}(\sqrt{6}+3\sqrt{5})$ (3) $\dfrac{11}{2\sqrt{5}-3}$

풀 이

(1) $\sqrt{5}+3\sqrt{5}=(1+3)\sqrt{5}=4\sqrt{5}$

(2) $\sqrt{2}(\sqrt{6}+3\sqrt{5})=\sqrt{12}+3\sqrt{10}=2\sqrt{3}+3\sqrt{10}$

(3) $\dfrac{11}{2\sqrt{5}-3}=\dfrac{11(2\sqrt{5}+3)}{(2\sqrt{5}-3)(2\sqrt{5}+3)}=\dfrac{22\sqrt{5}+33}{(2\sqrt{5})^2-3^2}$

$=\dfrac{22\sqrt{5}+33}{20-9}=2\sqrt{5}+3$

제 4 절 집합의 정의와 연산

1. 집합의 기본개념

개념이 정확하게 정의된 원소(element)들의 모임을 집합이라고 하는데 집합은 그 속에 포함되는 원소에 대한 정확한 개념적 정의가 이루어져야 한다. {D기업 중견사원들의 모임}으로 집합을 정의한다면 중견사원에 대한 개념이 모호하여 어떤 사원이 이 모임에 속하는지 명확하지 못할 수가 있어 정확한 집합을 설정하지 못하게 된다. 반면에 {D기업에서 15년 이상 근무한 사원들의 모임}이라고 하면 어떤 특정한 사원의 포함 여부가 정확하게 판단될 수 있을 것이다. 이때 정확하게 정의된 원소들의 모임이 존재하게 되어 하나의 집합이 형성되는 것이다.

만일 집합 $A = \{a, b, c, d\}$일 때 a, b, c, d를 집합 A의 원소라고 한다. a가 집합 A의 원소임을 수학적 기호로 '$a \in A$'와 같이 표현한다.

주사위를 던질 경우 나올 수 있는 수의 모임은 $\{1, 2, 3, 4, 5, 6\}$으로 원소의 개수를 셀 수 있으므로 유한집합이 된다. 반면에 양의 정수의 모임은 $\{1, 2, 3, 4, 5, 6, \cdots\}$으로 원소의 개수가 무한하므로 무한집합이 된다.

핵심용어

▸ **집합의 정의**

집합(set)은 개념이 정확하게 정의된 원소들의 모임이다. 집합에서 원소들의 개수를 정확하게 셀 수 있는 집합을 **유한집합(finite set)**, 원소들의 개수가 무한하거나 셀 수 없는 집합을 **무한집합(infinite set)**이라고 한다.

집합을 표현하는 방법은 원소나열법과 조건제시법이 있다. 원소나열법은 집합의 원소를 집합기호 '{ }'를 이용하여 모두 나열하는 방법이며 조건제시법은 괄호 안에 집합의 원소를 설명하는 방법이다. 조건제시법은 원소나열법으로 표현하는 경우 원소의 수가 너무 많아 표현하기 힘든 집합을 표현할 수 있다는 장점이 있다. 만일 집합 A를 10미만의 짝수하고 한다면 원소나열법은 $A = \{2, 4, 6, 8\}$로 표현하고 조건제시법은 $A = \{x | x \text{는 10미만의 짝수}\}$라고 표현한다. 경우에 따라서는 원소나열법으로 나타낼 수 없는 집합도 있다. 예를 들면 집합 B를 7의 배수라고 하면 $B = \{7, 14, 21, \cdots\}$이 되어 적절하지 않은 형태가 되어 조건제시법인 $B = \{x | x \text{는 7의 배수}\}$라고 표현하여야 한다.

예 제

2-7. 다음 집합을 원소나열법과 조건제시법으로 나타내시오.

(1) 집합 A는 알파벳에서 모음의 집합

(2) 집합 B는 10보다 작은 홀수의 집합

풀 이

(1) 원소나열법 $A = \{a, e, i, o, u\}$ 조건제시법 $A = \{x | \text{알파벳의 모음}\}$
(2) 원소나열법 $B = \{1, 3, 5, 7, 9\}$ 조건제시법 $B = \{x | \text{10보다 작은 홀수}\}$

핵심용어

공집합과 전체집합

공집합(null set or empty set)은 원소가 하나도 없는 집합으로 ∅ 혹은 { }으로 표현한다. 한편 **전체 집합**(universal set)은 특정한 대상이 되는 모든 가능한 원소들의 집합이다.

핵심용어

▸ **여집합**

전체집합의 원소들 중 집합 A에 속하지 않는 원소들의 모임을 A의 **여집합(complement)** 이라고 하며 A^c 혹은 $\bar{A}$로 표현한다.

$$A^c = \{x \mid \text{전체집합에서 집합 A에 속하지 않는 원소}\}$$

D기업에 속하는 사원들의 모임을 전체집합 S라 하고 여사원들의 모임을 집합 W라 하면 W의 여집합 W^c는 전체집합 S에서 여사원들을 제외한 남자사원들의 모임이 될 것이다. 따라서 W^c = {D기업에 속하는 남자사원}이다.

예 제

2-8. 집합 S를 주사위를 던졌을 때 나오는 눈의 집합이라 하고 집합 A를 주사위를 던졌을 때 나오는 짝수의 집합, 집합 B를 주사위를 던졌을 때 나오는 4보다 작은 수의 집합이라고 할 때 물음에 답하시오.

(1) 집한 S, A, B를 원소나열법으로 나타내시오.

(2) 집합 A와 B의 여집합을 구하시오.

(3) 집합 S의 여집합을 구하시오.

풀 이

(1) $S = \{1, 2, 3, 4, 5, 6\}$, $A = \{2, 4, 6\}$, $B = \{1, 2, 3, 4\}$

(2) A의 여집합 $A^c = \{1, 3, 5\}$, B의 여집합 $B^c = \{5, 6\}$

(3) S의 여집합 $S^c = \varnothing$

핵심용어

▸ **부분집합**

두 집합 A와 B에 대하여 집합 A의모든 원소가 집합 B의 원소가 될 때 집한 A를 집합 B의 **부분집합(subset)**이라하고 $A \subset B$로 표현한다.

예를 들어 D기업에 속하는 사원들의 모임을 전체집합 S라 하고 여사원들의 모임을 집합 W라 하면 W는 S의 부분집합이 된다.

핵심용어

▸ **멱집합**

집합 A의 모든 부분집합을 원소로 가지고, 그 외에는 원소가 없는 집합을 A의 **멱집합(power set)**이라고 한다. 집합 A의 멱집합은 주로 P(A)로 나타내고, 'A의 멱집합'으로 읽는다.

예를 들어 집합 $\{0, 1\}$의 모든 부분집합은 $\varnothing$, $\{0\}, \{1\}, \{0, 1\}$이므로, 집합 $\{0, 1\}$의 멱집합은 $\{\varnothing, \{0\}, \{1\}, \{0, 1\}\}$이 된다.

예 제

2-9. 집합 B={a, b, c}일 때 집합 B의 멱집합을 구하시오.

풀 이

집합 B의 모든 부분집합은 $\varnothing$, $\{a\}, \{b\}, \{c\}, \{a, b\}, \{a, c\}, \{b, c\}, \{a, b, c\}$이므로
집합 B의 멱집합은 $P(B) = \{\varnothing, \{a\}, \{b\}, \{c\}, \{a, b\}, \{a, c\}, \{b, c\}, \{a, b, c\}\}$가 된다.

2. 집합의 연산

집합 A와 집합 B를 전체집합 S의 부분집합이라 하자. 그러면 두 집합 A와 B의 교집합, 합집합과 차집합은 아래와 같이 정의된다.

A와 B의 **교집합(intersection)**은 A와 B에 모두 속하는 원소들의 모임이며 A∩B로 표현된다.

A∩B = {집합 A와 집합 B의 공통원소}

A와 B의 **합집합(union)**은 A 혹은 B 어느 한 집합에라도 속하는 원소들의 모임이며 A∪B로 표현한다.

A∪B = {집합 A 또는 집합 B에 속하는 원소}

A와 B의 **차집합(union)**은 A의 원소에서 B에 속한 원소를 제거한 원소들의 모임이며 A - B로 표현한다.

A - B = {집합 A에는 속하나 집합 B에는 속하지 않는 원소}

여기서 A∪B = B∪A이고 A∩B = B∩A이나 A - B ≠ B - A임에 주의하여야 한다.

예제

2-10. 집합 A={a, b, c, d, e, f, g}이고 집합 B={a, c, d, e, ㅏ}이며, 집합 C={b, d, e, f} 라고 할 때 다음 집합을 구하시오.

(1) B∩C (2) B∪C (3) A–B (4) B–A (5) A∩B

풀이

(1) B∩C = {d, e} (2) B∪C = {a, b, c, d, e, f, h} (3) A–B = {b, f, g}
(4) B–A = {h} (5) A∩B = {a, c, d, e}

전체집합과 그 부분집합의 관계, 또 부분집합과 부분집합의 합집합 및 교집합, 그리고 부분집합의 전체집합에 관한 여집합 등을 사각형과 원으로 나타낸 그림을 벤다이어그램(Venn diagram)이라고 한다. 보통 전체집합 S를 직사각형으로 표시하고, 부분집합은 그 안에 그린 원으로 나타낸다. 집합들의 연산을 벤다이어그램(Venn Diagram)을 그려 보면 <그림 2-4>와 같다.

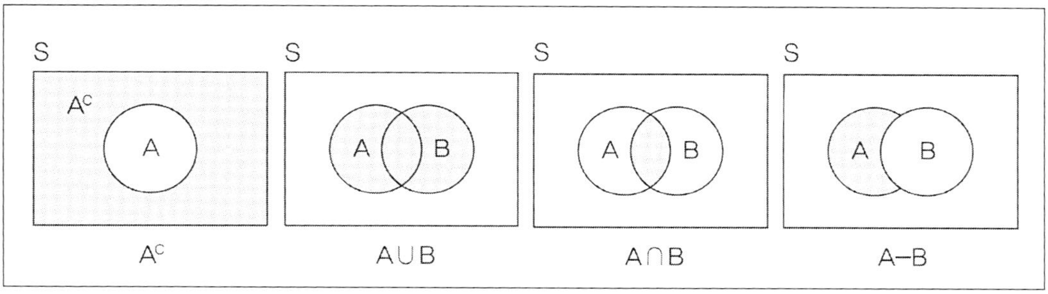

〈그림 2-4〉 벤다이어그램을 이용한 집합연산 표현

집합 A와 집합 B에 공통으로 속하는 원소가 하나도 존재하지 않는 특수한 경우가 있을 수도 있다. 예를 들면 A집합은 D기업에 속하는 여자사원들의 모임이고 B집합은 D기업에 속하는 남자사원들의 모임이라면 A와 B에 모두 속하는 사원은 한 명도 없게 된다. 이 경우 A∩B에 해당되는 원소는 하나도 없어서 $A \cap B = \emptyset$가 된다. 이와 같이 두 집합에 동시에 속하는 원소가 하나도 없는 경우 두 집합은 서로 배타적(mutually exclusive)이라고 한다. 이를 벤다이어그램으로 나타내면 <그림 2-5>와 같이 된다.

또 다른 특수한 경우로 집합 A 혹은 집합 B중 어느 한 집합에라도 속하는 원소들의 모임이 전체집합 S와 동일할 수 있다. 앞의 예에서 집합 A와 집합 B의 합집합은 D기업에 속하는 여자사원과 남자사원의 모임이 되어 D기업에 속하는 모든 사원의 모임인 S와 동일하다. 이와 같이 두 집합 중 어느 한 집합이라도 속하는 원소들의 모임이 전체집합과 일치할 때 이 두 집합은 총체적으로 망라된(collectively exhaustive) 집합이라고 한다. 이를 벤다이어그램으로 나타내면 <그림 2-5>와 같이 된다.

$A \cap B = \emptyset$가 공집합일 때 집합 A와 집합 B는 **서로 배타적인(mutually exclusive) 집합**이라고 한다. A∪B가 전체집합일 때 집합 A와 집합 B는 **총체적으로 망라된(collectively exhaustive) 집합**이라고 한다.

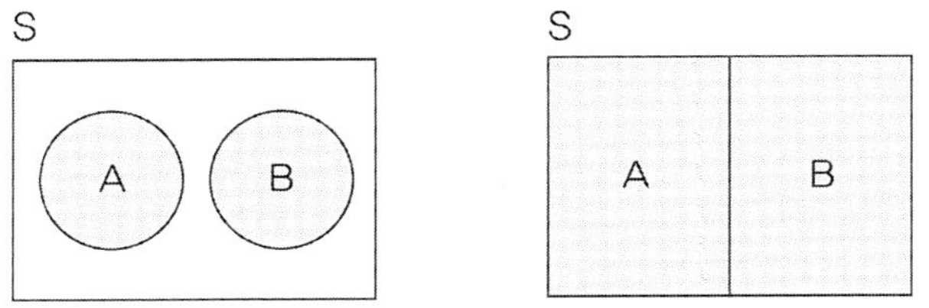

〈그림 2-5〉 서로 배타적인 집합과 총체적으로 망라된 집합

어떤 집합과 그 여집합은 언제나 서로 배타적이며 동시에 총체적으로 망라된 집합이다.

두 집합 A와 B가 있을 때 두 집합의 원소들을 짝지어 만든 모든 순서쌍을 카티션 곱(Cartesian Product) 또는 곱집합(Product Set)이라 한다.

두 집합 A와 B의 **카티션 곱(Cartesian Product)**은 두 집합 A, B의 원소들로 만들어지는 모든 순서쌍 (a, b)들의 집합이며 A × B로 표현한다.

$$A \times B = \{(a, b) \mid a \in A\text{이고 } b \in B\}$$

여기서 순서쌍 (a, b)는 (b, a)와 같지 않음에 주의하여야 한다.

예 제

2-11. 집합 A={1, 2}이고 집합 B={a, b}라고 할 때 집합 A와 B의 카티션 곱을 구하시오.

풀 이

A×B = {(1, a), (1, b), (2, a), (2, b)}

위의 예제에서 A×B={(a, 1), (a, 2), (b, 1), (b, 2)}가 되며, 따라서 A×B≠B×A임을 알 수 있다.

제 5 절 명제

1. 명제의 개념과 연산

명제(statement)란 참과 거짓을 구별할 수 있는 식이나 문장을 말한다. '2는 짝수이다.'라는 문장은 참이다. 또는 '$1+2=4$'라는 식은 거짓이다. 그러나 '수학은 어렵다'라는 명제일까? 대부분의 학생들이 수학은 어렵다고 생각하지만 어떤 학생들은 수학이 쉽다고 합니다. 따라서 수학은 학생에 따라서 어렵기도 하고 쉽기도 하므로 참일 수도 있고 거짓일 수도 있으므로 명제라고 할 수 없다.

핵심용어

명제의 정의

참과 거짓을 구별할 수 있는 식이나 문장을 명제라 한다.

예 제

2-12. 다음 문장 중 명제인 것과 명제가 아닌 것을 구분하시오.

(1) 뉴욕은 미국의 수도이다.

(2) $4-1=3$

(3) 지금 눈이 내린다.

(4) 하늘이 흐리다.

풀 이

(1)과 (2)는 명제이나 (3)은 지역에 따라 날씨가 다르기 때문에 명제라고 할 수 없고 (4)도 지역에 따라 다르기 때문에 명제가 아니다.

명제는 한 가지 사실을 주장하는 단순명제(simple statement)와 연결사를 사용해서 여러 개의 단순명제로 이루어진 명제인 합성명제(compound statement)로 구분된다. 단순명제는 일반적으로 p, q, r 등의 기호를 이용하여 나타내며 합성명제는 P, Q, R 등의 기호로 나타낸다. '이 휴대폰은 배터리가 불량이다'라는 문장은 단순명제이고 '이 휴대폰은 배터리가 불량이거나 액정이 불량이다'는 합성명제가 된다.

명제들 사이에도 연산관계가 있는데 명제의 연산자를 연결사(connectives)라고 하며 ~, ∧, ∨, →, ↔ 등이 있다.

연결사	의 미	사용방법
~	부정	~p : p가 아니다
∧	논리 곱	p∧q : p이고 q이다
∨	논리 합	p∨q : p 또는 q이다
→	조건문	p → q : p이면 q이다

참고

명제 p → q가 참일 때(이를 p ⇒ q로 표기하기로 하자), p는 q를 위한 충분조건이라고 하고 q는 p를 위한 필요조건이라고 한다. 만일 p ⇒ q이고 q ⇒ p이면 p와 q는 필요충분조건이라고 한다.

명제의 모든 가능한 값을 표로 나열한 것을 진리표라 한다 단순명제 p의 진리표는 다음과 같다.

p
T(참)
F(거짓)

또한 명제를 연산하였을 때 각 명제의 값(진실 또는 거짓)에 따라 얻을 수 있는 연산 결과의 가능한 값(진실 또는 거짓)을 다음과 같은 진리표로 나타낼 수 있다.

p	q	~p	p∧q	p∨q	p→q	p↔q
T	T	F	T	T	T	T
T	F	F	F	T	F	F
F	T	T	F	T	T	F
F	F	T	F	F	T	T

예 제

2-13. 명제 p를 '연필은 필기도구이다'라 하고 명제 q를 만년필은 필기도구이다'라고 할 때 다음의 각 명제연산의 결과를 작성하시오.

(1) ~p　　　(2) p∧q

(3) p∨q　　　(4) p→q

풀 이

(1) ~p : 연필은 필기도구가 아니다.
(2) p∧q : 연필은 필기도구이고 만년필도 필기도구이다. 연필과 만년필은 필기도구이다.
(3) p∨q : 연필은 필기도구이거나 또는 만년필은 필기도구이다. 또는 연필 또는 만년필은 필기도구이다.
(4) p→q : 연필이 필기도구이면 만년필도 필기도구이다.

'$x-3>2$'와 같이 변수 x의 값에 따라 참인 명제나 거짓인 명제가 되는 문장이나 식을 명제함수라고 하며 p(x), q(x)등으로 표시한다. 명제함수 p(x)에 대해 이 명제가 참이 되게 하는 변수 x의 값의 집합을 진리집합이라고 한다. 예를 들어 명제함수 '$x-3>2$'의 진리집합은 $\{x|x$는 5보다 큰 실수$\}$가 된다. 합성명제의 경우 두 명제의 연산자에 따라 진리집합이 결정된다. 예를 들어 두 명제함수 p(x)와 q(x)의 진리집합이 각각 A와 B라고 한다면 ~p(x)의 진리집합은 A^c이고 p(x)∧q(x)의 진리집합은 A∩B이며 p(x)∨q(x)의 진리집합은 A∪B가 된다. 또한 p(x)→q(x)의 진리집합은 A^c∪B가 된다. 만일 명제 p를 '성적이 오른다'이고 q를 '자전거를 사준다'라고 정의하면 p→q는 '성적이 오르면 자전거를 사

준다'라는 명제가 된다. 명제 p의 진리집합을 A라 하고 명제 q의 진리집합을 B라 하자. 그러면 이 명제는 성적이 올랐는데도 자전거를 사주지 않았을 때($A \cap B^c$)에만 거짓이 되며 성적이 올라서 자전거를 사준 경우($A \cap B$), 성적이 오르지 않아서 자전거를 사주지 않은 경우($A^c \cap B^c$)와 성적이 오르지 않았는데도 자전거를 사준 경우($A^c \cap B$)는 모두 약속을 지키지 않은 것은 아니기 때문에 참이 된다. 따라서 진리집합은 $A^c \cup B$가 됨을 알 수 있다.

예 제

2-14. 두 명제함수 p(x)와 q(x)를 각 각 $x=2$이고 $x^2=4$라고 할 때 다음 물음에 답하시오.

(1) 명제함수 p(x)와 q(x)의 집리집합 A와 B를 구하시오.

(2) ~p(x)의 진리집합을 구하고 이를 집합 A와 B의 집합연산으로 표시하시오.

(3) p(x)∧q(x)의 진리집합을 구하고 이를 집합 A와 B의 집합연산으로 표시하시오.

(4) p(x)∨q(x)의 진리집합을 구하고 이를 집합 A와 B의 집합연산으로 표시하시오.

(5) p(x)→q(x)의 진리집합을 구하고 이를 집합 A와 B의 집합연산으로 표시하시오.

풀 이

(1) A={1}, B={-2, 2}

(2) ~p(x) : $x \neq 2$이므로 진리집합은 {x|x는 2를 제외한 실수}=A^c임을 알 수 있다.

(3) p(x)∧q(x) : $x=2$ 이고 $x^2=4$이므로 진리집합은 {2}=$A \cap B$임을 알 수 있다.

(4) p(x)∨q(x) : $x=2$ 또는 $x^2=4$이므로 진리집합은 {-2, 2}=$A \cup B$임을 알 수 있다.

(5) p(x)→q(x) : $x=2$이면 $x^2=4$이므로 이 명제는 $x=2$ 또는 $x=-2$이면 $x^2=4$가 성립되며 $x \neq 2$인 경우 x가 -2만 아니면 $x^2 \neq 4$가 성립되므로 이 명제의 진리집합은 {x|x는 모든 실수}=$A^c \cup B$임을 알 수 있다.

2. 명제의 역, 이, 대우

어떤 명제 'p이면 q이다' (p → q로 표현)에서 p를 가정이라 하고 q를 결론이라고 한다. 만일 명제 'p이면 q이다'에서 가정과 결론을 바꾸어 'q이면 p이다'로 했을 때 이 명제를 원래 명제의 '역'이라고 한다. 명제 'p이면 q이다'의 부정은 ~(p → q)가 되며 이는 ~p → ~q가 되어 'p가 아니면 q가 아니다'가 된다. 이와 같이 원래 명제의 부정을 '이'라고 한다. 또한 원래 명제 'p이면 q이다'의 '역'인 'q이면 p이다'의 부정인 'q가 아니면 p가 아니다' (~q → ~p)를 원래 명제 'p이면 q이다'의 '대우'라고 한다. 이를 그림으로 나타내면 아래와 같다.

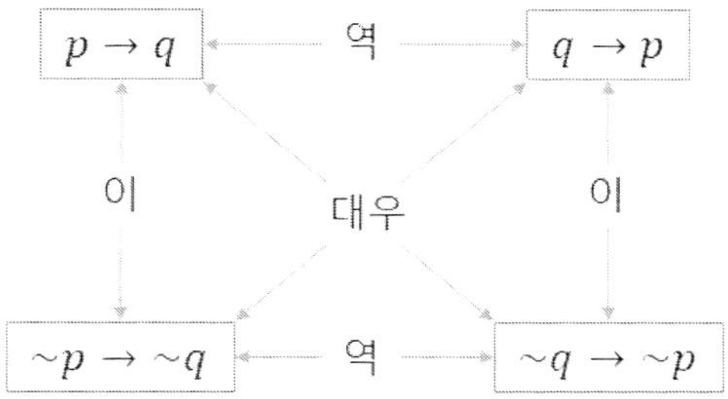

만일 명제 p → q가 참이면 그 대우 ~q → ~p는 반드시 참이고, 명제 p → q가 거짓이면 그 대우 ~q → ~p는 반드시 거짓이 된다. 그러나 명제 p → q가 참인 경우 그 역과 이인 $q \to p$과 ~p → ~q가 참이라고 할 수 없다.

예 제

2-15. 명제 '$x = 2$이면 $x^2 = 4$이다' 에 대하여 물음에 답하시오.

(1) 이 명제의 역, 이 및 대우를 구하시오.

(2) 이 명제의 역과 이가 참인지 거짓인지 판단하고 그 이유를 설명하시오.

(3) 이 명제의 대우가 참인지 거짓인지 판단하고 그 이유를 설명하시오.

풀 이

(1) 원래 명제 '$x = 2$이면 $x^2 = 4$이다' 의 역은 '$x^2 = 4$이면 $x = 2$이다' 이고 이는 '$x \neq 2$이면 $x^2 \neq 4$이다' 이며 대우는 '$x^2 \neq 4$이면 $x \neq 2$이다' 가 된다.

(2) 이 명제의 역 '$x^2 = 4$이면 $x = 2$이다' 에 대해 $x^2 = 4$이면 $x = 2$ 또는 $x = -2$이므로 거짓이다. 또한 이 명제의 이 '$x \neq 2$이면 $x^2 \neq 4$이다' 에 대해 $x = -2$인 경우에도 $x^2 = 4$가 되므로 거짓이 된다.

(3) 이 명제의 대우 '$x^2 \neq 4$이면 $x \neq 2$이다' 에 대해 $x^2 = 4$이면 $x = 2$ 또는 $x = -2$이므로 $x^2 \neq 4$이면 $x = 2$가 될 수 없으므로 $x \neq 2$가 성립된다. 따라서 대우는 참이 된다.

연 습 문 제

1. 다음은 수의 체계에 대하여 설명한 것이다. 틀린 것은?

① 수에는 실수와 허수가 있다.
② 무리수는 실수에 속한다.
③ 정수는 자연수와 음의 정수로 구성되어 있다.
④ 유리수에서 정수가 아닌 유리수를 제외하면 정수가 된다.
⑤ 모든 유리수는 실수이다.
⑥ 모든 무리수는 실수이다.
⑦ 모든 실수는 유리수이다.
⑧ 2.15는 실수이다.
⑨ 6.4343434343…은 무리수이다.

2. 다음 중 실수가 아닌 것은?

① π ② $\frac{1}{3}$ ③ $\sqrt{-1}$ ④ 0

3. 다음 중 유리수가 아닌 것은?

① -5 ② $\frac{3}{7}$ ③ $\sqrt{5^2}$ ④ $\sqrt[3]{4}$

4. 다음은 거듭제곱의 성질을 이용하여 계산한 결과이다. 틀린 것은?

① $(\sqrt{3})^2=3$　② $(-\sqrt{3})^2=3$　③ $(\sqrt{3^2})=3$　④ $\sqrt{(-3)^2}=-3$

5. 다음 중 25의 제곱근이 아닌 것은?

① $+5$　② -5　③ $\sqrt{5}$　④ $\sqrt{25}$

6. 다음에 정의한 것이 집합인지 아닌지 판단하시오. 만일 집합이 아니라면 그 이유를 설명하시오.

(1) {4월에 피는 꽃의 식물}

(2) {예쁜 꽃을 피우는 식물}

(3) {공부를 잘하는 학생}

(4) {어느 반에서 키가 180cm이상인 학생}

7. 자연수와 정수의 차이에 대하여 설명하고 자연수와 정수를 사용한 실생활의 예를 드시오.

8. 유리수와 무리수의 차이에 대하여 설명하고 유리수와 무리수를 사용한 실생활의 예를 드시오.

9. 다음의 수를 유리수의 형태로 변환하시오.

(1) 4.05　　(2) 7　　(3) 0.3　　(4) 2.15

10. 어떤 수의 제곱근이 +10과 −10이었다면 어떤 수는 얼마인가?

11. 다음 식을 간단히 하시오.

(1) $\sqrt{6}\times\sqrt{5}$　　(2) $3\sqrt{2}+2\sqrt{2}$　　(3) $3\sqrt{2}-2\sqrt{2}$

12. 다음 식을 간단히 하시오.

(1) $\sqrt{2}(\sqrt{6}+\sqrt{2})$　　(2) $\dfrac{5}{2-\sqrt{3}}$　　(3) $\dfrac{2}{\sqrt{4}-\sqrt{3}}$

13. 두 집합 A와 B가 $A\subset B$관계가 되도록 집합 A와 B를 정의하시오.

14. 두 집합 A와 B가 다음과 같을 때 두 집합의 멱집합을 구하시오.

(1) $A=\{x,\ y\}$　　(2) B = {서울, 대전, 부산}

15. 집합 A={1, 2, 3, 4, 5, 6, 7}이고, 집합 B={2, 4, 6, 8, 10}이며, 집합 C={1, 3, 5, 7, 9}라고 할 때 다음 물음에 답하시오.

(1) $B \cap C$　(2) $B \cup C$　(3) $A - B$　(4) $A \cap B$

16. 전체집합 S={1, 2, 3, 4, 5, 6, 7, 8, 9, 10}이고, A={1, 2, 3, 4, 5}, B={2, 4, 6, 8, 10}, C={1, 3, 5, 7, 9}, D={6, 7, 8, 9, 10}일 때, 다음 물음에 답하시오.

(1) $A \cup B$　(2) $B - D$

(3) $A \cap C$　(4) $A \cap B^c$

(5) $(A \cap C)^c$　(6) $A \cup (B \cap C)$

(7) $D - B$　(8) $A \cap D$

(9) 드모르간 법칙은 $(A \cup B)^c = (A^c \cap B^c)$이다. 집합 A와 B를 이용하여 드모르간 법칙이 성립함을 보이시오.

17. 집합 A를 주사위를 던졌을 때 나올 수 있는 눈의 수라하고 집합 B를 주사위를 던졌을 때 나올 수 있는 홀수라 하며 집합 C를 주사위를 던졌을 때 나올 수 있는 3이상의 수라하면 다음 물음에 답하시오.

(1) 집합 A, B, C의 원소를 원소나열법으로 표현하시오.

(2) $B \cap C$　(3) $B \cup C$　(4) $A - B$　(5) $A \cap B$

18. 두 집합 A와 B가 다음과 같을 때 두 집합의 카티션 곱을 구하시오.

A={축구, 야구, 배구}　B={손흥민, 류현진, 김현경}

19. 다음 문장이나 식 중 명제가 아닌 것을 고르시오.

① 베를린은 프랑스의 수도이다.
② 바다는 고요하다.
③ 자연수는 0을 포함한다.
④ $4 = 5 - 1$
⑤ 아프리카인은 마라톤을 잘한다.

20. 명제 p를 '이 자동차는 연료가 없다' 라고 하고 q를 '이 자동차는 배터리가 없다' 라고 하며 s는 '이 차는 시동이 걸리지 않는다' 라고 할 때 물음에 답하시오.

(1) $\sim p$ (2) $p \wedge q$ (3) $p \vee q$

(4) $p \rightarrow s$ (5) $(p \vee q) \rightarrow s$

21. 명제 '자동차가 연료가 없으면 시동이 걸리지 않는다' 에 대하여 이 명제의 역, 이, 대우는 무엇인가?

22. 두 명제함수 $p(x)$와 $q(x)$가 각 각 'x는 10이하의 짝수' 와 'x는 10이하의 3의 배수' 라고 할 때 물음에 답하시오.

(1) $p(x)$와 $q(x)$의 진리집합을 구하시오.

(2) $p(x) \wedge q(x)$의 진리집합을 구하시오.

(3) $p(x) \vee q(x)$의 진리집합을 구하시오.

Chapter 3

문자와 식

제 1 절 문자와 식

다음의 두 표현을 살펴보자. 겉으로 보기에 이 두 표현은 달라 보이지만 의미하는 바는 같다. 하나는 글로 구성된 문장으로 적어 내려간 것이고, 다른 하나는 문자를 써서 간단한 식으로 표현한 것이다.

“기본급 150만원에 대당 판매수당 50만원에 판매대수를 곱하여 더했더니 300만원이 되었다.”

“$50x+150=300$”

인류가 문자를 이용하기 시작한 이후 수학은 비약적인 발전을 하였다. 문자를 사용하여 나타내는 수학을 ‘대수’라고 한다. 문자를 이용하기 이전의 수학을 ‘산수’라고 하며, 산수는 알고 있는 값으로부터 구하고자 하는 값을 계산해나가는 과정이다. 그러나 대수는 모르는 값을 마치 아는 것처럼 다루면서 미리 주어져 있는 값으로 식을 세워나간다. 대수를 이용하면 산수에서는 풀 수 없는 문제도 해결할 수 있다.

만일 제품을 생산하는데 소요되는 재료의 단위 가격이 x원이라면 이 재료를 1000단위 구입하는 경우 소요되는 비용은 $1000x$원이 라고 표현할 수 있다. 또는 연 이자율이 $100r\%$인 정기예금에 2000만원을 예금했을 때 1년 후의 원금과 이자의 합계는 $2000(1+r)$만원으로 나타낼 수 있다. 이 금액을 다시 1년 동안 예금하는 경우 원금과 이자의 합계는 $2000(1+r)^2$으로 나타낼 수 있다.

위의 예에서와 같이 문자를 사용하면 여러 가지 현실의 문제를 수학적 식으로 표현하는데 매우 유용하다.

문자식과 성질

보통 $2 \times x$ 라는 문자식 또는 식이 있을 때 x 를 두 배 한다는 것을 알 수 있는데 여기서 2 는 변하지 않는 일정한 수이다. 이 일정한 수를 상수라 한다. 원주(원의 둘레의 길이)를 구할 때의 공식, 지름 × 3.14 를 기억할 것이다. 이때 지름의 길이가 변해도 3.14를 곱하는 것은 변함이 없다. 원주율을 π(파이)라 하며 이것도 상수이다. 문자와 숫자를 혼합하여 식을 만들 때 덧셈기호나 뺄셈기호는 사용하여야 하지만 곱셈기호와 나눗셈기호는 생략이 가능하다. 수와 문자를 이용하여 식을 만들 때는 다음과 같은 네 가지 규칙에 따라 표기한다.

(1) 문자와 숫자의 곱에서 숫자를 먼저 쓰고, 문자를 나중에 쓴다. 곱하기는 생략한다.
예를 들어 시간당 임금이 5만원인 숙련공이 일정 시간(x)만큼 일을 하였을 때 그 사람의 임금은 $5 \times x$(만원)이 된다. 이를 $5x$(만원)과 같이 곱셈기호를 생략하여 표현할 수 있으며 숫자를 앞에 쓰는 것인 일반적인 관례이다.

(2) 문자끼리의 곱은 일반적으로 알파벳순으로 쓴다.

(3) 같은 문자의 곱은 거듭제곱의 형태로 쓴다.
예를 들어 한 변의 길이가 x미터인 정사각형의 넓이는 $x \times x$미터제곱이 되며 이를 x^2미터제곱으로 표현한다. 또한 $y \times y \times z \times z \times z$는 $y^2 z^3$으로 나타낸다. 거듭제곱에 관한 자세한 내용은 2절에서 다시 설명한다.

(4) 식에서 나눗셈 기호를 생략하고 분수로 나타낸다.
예를 들어 세 사람이 공동으로 투자한 금융상품의 투자이익이 x라면 한 사람당 배당금은 $x \div 3$이 되며, 이를 $\frac{x}{3}$으로 표현한다.

(5) 식에서 1은 일반적으로 생략한다.
예를 들어 $x \times (-1) = -x$, $y \times 1 = y$ 처럼 수학에서 1은 대부분 생략한다. 또한 거듭제곱의 표현에서도 지수가 1인 경우 x^1이 아니라 x로 나타낸다.

예 제

3-1. 다음 문자식을 규칙에 맞추어 간단히 하시오.

(1) $a\times 7-29\times b$ (2) $3\times y\times a\times x$

(3) $a\times b\times a\times a\times c\times b\times x\times c$ (4) $x\div 3+(-1)\times y\div 5$

풀 이

(1) $a\times 7-29\times b=7a-29b$

(2) $3\times y\times a\times x=3axy$

(3) $a\times b\times a\times a\times c\times b\times x\times c=a^3b^2c^2x$

(4) $x\div 3+(-1)\times y\div 5=\dfrac{x}{3}-\dfrac{y}{5}=\dfrac{5x-3y}{15}$

문자를 포함한 식에서 문자 대신에 수를 넣는 것을 대입이라 하며 문자에 수를 대입하여 얻은 값을 식의 값이라 한다. 예를 들어 x의 값이 8일 때 $30x$의 값을 구하고자 한다면 아래와 같이 $30x$의 x대신 8을 대입하여 계산할 수 있다.

$$30x$$
$$=30\times 8 \quad \leftarrow x\text{에 8을 대입}$$
$$=240 \quad \leftarrow \text{식의 값}$$

예 제

3-2. 다음 식에서 x와 y의 값이 각각 5와 3이라면 다음 식의 값은 얼마인가?

(1) $7x$ (2) $3x-5y$ (3) $4xy$ (4) $6x\div y$

풀 이

(1) $7x=7(5)=35$ (2) $3x-5y=3\times 5-5\times 3=0$

(3) $4xy=4(5)(3)=60$ (4) $6x\div y=6(5)\div 3=10$

단항식과 다항식

항이란 식을 이루는 가장 작은 단위이다. 어떤 식 $3x+4xy+200$에서 $3x$, $4xy$, 200 각각이 이 식을 구성하고 있는 항이 된다. 식은 항을 구성하고 있는 항의 수에 따라 단항식과 다항식으로 구분된다. $7x$와 같은 하나의 항으로 이루어진 식을 단항식이라 하며 $3x-5y$와 같이 두 개 이상의 항으로 이루어진 식을 다항식이라 한다. 앞의 예제 3–2에서 제품을 x개 생산하여 모두 판매했을 때의 수입으로 단항식이며, 제품을 x개 생산하여 모두 판매했을 때의 제조원가는 $100000+15000x$으로 100000과 $15000x$의 두 개의 항으로 구성된 다항식이 된다. 여러 개의 문자가 같이 사용된 $5x^2y$나 $4x^3y^5z^2$도 하나의 식으로 보아야 하므로 단항식이다.

식에서 문자 앞의 숫자를 계수(係數)라 한다. $20000x$에서 x의 계수는 20000이 된다. 그렇다면 $100000+15000x$에서 100000은 무엇일까? 이와 같이 숫자로만 되어 있는 항을 상수항(常數項)이라 한다. 한자어 그대로 상수는 항상 숫자라는 의미이므로 숫자로 된 항이다.

차수

차수(次數)는 단항식이나 다항식이 몇 차인지를 나타내는 지수이다. x^3+2x+3은 x의 차수가 가장 높은 것이 3이므로 x에 관한 삼차식이다. y^2-3y+3은 y의 이차식이 된다. $2x^4-3y^2+5x+5$와 같이 여러 개의 문자를 포함한 식의 차수는 'x에 관한 사차식이며 y에 관한 이차식'이라고 읽으면 된다. 또한 $x^3y^2+4x-6y-8$은 x가 삼차이고 y가 이차이므로 차수를 합쳐서 오차식이 된다.

$ax+b$에서 a가 0이 아니면 이 문자식은 x에 관한 일차식이 된다. 이와 마찬가지로 ax^2+bx+c에서도 a가 0이 아니면 이 문자식은 x에 관한 이차식이 된다. 그러나 $\frac{a}{x}+b$는 x가 분모에 있으므로 a가 0이 아니라도 일차식이 아니다. x가 분자에 있어야 차수를 따질 수 있으니 주의하여야 한다.

식의 작성

문장으로 주어진 현실의 문제를 식으로 만드는 것은 의사결정을 위한 수학적 모형화의 첫 번째 단계이다. 문장으로 주어진 문제를 식으로 작성하기 위한 첫 번째 단계는 문장에서 주어진 정보 중 숫자로 주어진 것과 값을 알 수 없는 것을 구분하는 것이다. 그 다음 단계는 값을 알 수 없는 것을 문자로 정의하여야 하며 마지막 단계는 문장에서 주어진 문자와 숫자들의 관계를 이용하여 식으로 표현하는 것이다. 앞의 예를 다시 살펴보면 주어진 현실의 문제는 "기본급 150만원에 대당 판매수당 50만원에 판매대수를 곱하여 더했더니 300만원이 되었다."이었다. 여기서 숫자로 주어진 것은 '150', '50'과 '300'이었으며 값을 알 수 없는 것은 '판매대수'였다. 따라서 '판매대수'를 x라고 정의한 후 숫자 '150', '50', '300'과 x의 관계를 바탕으로 "$150+50x=300$"과 같은 식을 만들 수 있다. 주어진 문장을 식으로 작성하는 작업은 많은 훈련과 경험이 필요하다.

예 제

3-3. 어느 카페에서는 숙련된 직원과 비숙련 직원의 일당을 각 각 10,000원과 8,000원으로 책정하고 있다. 만일 카페의 사장이 숙련된 직원 x명과 비숙련 직원 y명을 고용한다면 이 카페의 하루 인건비를 x와 y를 이용한 문자식으로 표현하시오.

풀 이

하루 인건비는 숙련 직원의 전체 인건비와 비숙련 직원의 전체 인건비의 합이므로 다음과 같이 된다.

$$\text{하루 인건비} = 10000x + 8000y$$

예 제

3-4. 어느 제품의 제조원가는 고정비와 변동비로 구성되어 있는데, 고정비가 100,000원이고 개당 변동비가 15,000원이라고 한다. 이 제품의 한 개 가격은 200,000원이라고 한다. 다음 물음에 답하시오.

(1) 제품을 x개 생산하여 모두 판매한다고 할 때 수입은 얼마인지 식으로 표현하시오.

(2) 제품을 x개 생산하여 모두 판매한다고 할 때 제조원가는 얼마인지 식으로 표현하시오.

(3) 제품을 x개 생산하여 모두 판매한다고 할 때 이익은 얼마인지 식으로 표현하시오.

풀 이

(1) 수입은 개당 판매가격×판매량이므로 $200,000 \times x = 200,000x$가 된다.

(2) 제조원가는 고정비 + 변동비이므로
제조원가 $= 100,000 + 15,000 \times x = 100,000 + 15,000x$가 된다.

(3) 이익은 수입－비용(제조원가)이므로
이익 $= 200,000x - (100,000 + 15,000x)$가 된다.

등식, 방정식, 항등식

등식(等式)은 등호(=)를 사용하여 나타낸 식이다. $x+5=9$나 $x^2-6x=-5$와 같은 식은 등호를 사용한 식이므로 등식이다. 방정식은 x의 값에 따라 참, 거짓을 판단할 수 있는 등식이다. $x+4=6$에서 $x=2$를 대입하면 참임을 알 수 있다. 하지만 $x=3$을 대입하면 거짓인 방정식이 된다. 방정식의 목적은 등식이 참인 x값을 찾는 것이다.

항등식은 방정식을 항상 참이 되게 하는 등식이다. $2x-x=x$를 보자. $2x-x$는 계산 결과가 x이다. x에 어떠한 값을 대입해도 항상 같다. 이것을 항등식이라 한다.

제 2 절 지수법칙

거듭제곱이란 같은 수나 문자가 거듭하여 곱해진 것을 간단히 나타내는 방법을 말한다. 거듭제곱에서 거듭하여 곱한 수 또는 문자를 밑이라 하며 거듭제곱에서 수 또는 문자가 곱해진 횟수를 지수라고 한다. 예를 들면 a를 n번 곱하는 경우 $a \times a \times \cdots \times a = a^n$에서 a를 밑이라 하고 n을 지수라고 하며 'a의 n제곱'으로 읽는다. 지수의 계산에는 다음과 같은 몇 가지 법칙이 있다.

지수법칙 1 (지수의 합)

m과 n이 자연수일 때 밑이 같은 숫자 또는 같은 문자의 곱은 지수끼리 더한다.

$$a^m \times a^n = a^{m+n}$$

예를 들어 $a^3 \times a^5 = a^{3+5} = a^8$이 된다. 밑이 다른 숫자 또는 다른 문자들이 혼합되어 있는 경우에는 같은 숫자나 문자들끼리 위의 법칙을 적용하여 간단히 할 수 있다.

예 제

3-5. 다음 식을 간단히 하시오.

(1) $x \times x^7$　　(2) $x^2 \times y^3 \times x^5 \times y^2$

풀 이

(1) $x \times x^7 = x^{1+7} = x^8$

(2) $x^2 \times y^3 \times x^5 \times y^2 = x^2 \times x^5 \times y^3 \times y^2 = x^7 y^5$

지수법칙 2 (지수의 곱)

l, m, n이 자연수일 때 거듭제곱의 지수는 두 지수의 곱과 같다.

$$(a^m)^n = a^{mn} \text{이고 } \{(a^m)^n\}^l = a^{mnl}$$

위의 법칙은 $(a^m)^n$은 a^m이 n번 곱해진 것과 같으며 이를 식으로 설명하면 다음과 같다.

$$(a^m)^n = a^m \times a^m \times \cdots \times a^m = a^{m+m+m+\cdots+m} = a^{m \times n} = a^{mn}$$

예를 들면 $(a^2)^4 = a^8$가 된다. 이때 a^8의 지수 8은 $(a^2)^4$의 두 수 2와 4의 곱과 같다. 즉, $(a^2)^4 = a^{2\times 4} = a^8$이다.

예 제

3-6. 다음 식을 간단히 하시오.

(1) $(x^2)^4 \times (x^3)^2$

(2) $\{(x^3)^2\}^4$

풀 이

(1) $(x^2)^4 \times (x^3)^2 = x^{2\times 4} \times x^{3\times 2} = x^8 \times x^6 = x^{8+6} = x^{14}$

(2) $\{(x^3)^2\}^4 = (x^6)^4 = x^{24}$

지수법칙 3 (지수의 차)

$a \neq 0$이고 m, n이 자연수일 때 $a^m \div a^n$은

(i) $m > n$이면 $a^m \div a^n = a^{m-n}$,

(ii) $m = n$이면 $a^m \div a^n = a^{m-n} = a^0 = 1$이며

(iii) $m < n$이면 $a^m \div a^n = \dfrac{1}{a^{n-m}}$가 된다.

위의 법칙에서 (iii)에 대한 간단한 예로 x^{-1}은 $x^{-1} = x^0 \div x^1 = \dfrac{1}{x^{1-0}} = \dfrac{1}{x}$ 이므로 $x^{-1} = \dfrac{1}{x}$가 된다.

예 제

3-7. 다음 식을 간단히 하시오.(단, $a \neq 0$)

(1) $a^5 \div a^2$　　(2) $a^3 \div a^3$　　(3) $a^2 \div a^5$

풀 이

(1) $a^5 \div a^2 = a^{5-2} = a^3$

(2) $a^3 \div a^3 = a^{3-3} = a^0 = 1$

(3) $a^2 \div a^5 = \dfrac{1}{a^{5-2}} = \dfrac{1}{a^3}$

지수가 다른 거듭제곱끼리의 나눗셈에서 나눗셈이 연이어 나올 때, 앞에서부터 차례로 계산한다. 예를 들면 $a^9 \div a^5 \div a^2 = a^{9-5} \div a^2 = a^{4-2} = a^2$가 된다.

지수법칙 4 (지수의 분배)

$l,\ m,\ n$이 자연수일 때 다음 법칙이 성립한다.

(i) $(ab)^n = a^n b^n$

(ii) $(a^m b^n)^l = a^{ml} b^{nl}$

(iii) $\left(\dfrac{a}{b}\right)^n = \dfrac{a^n}{b^n}$(단, $b \neq 0$)

(iv) $\left(\dfrac{a^m}{b^n}\right)^l = \dfrac{a^{ml}}{b^{nl}}$(단, $b \neq 0$)

예 제

3-8. 다음의 식을 지수법칙을 이용하여 간단히 하시오.

(1) $(xy)^6$　　(2) $(x^2y^3)^3$　　(3) $\left(\dfrac{b}{a}\right)^2$　　(4) $\left(\dfrac{b^2}{a^3}\right)^3$

풀 이

(1) $(xy)^6 = x^6y^6$

(2) $(x^2y^3)^3 = (x^2)^3 \times (y^3)^3 = x^6y^9$

(3) $\left(\dfrac{b}{a}\right)^2 = \dfrac{b^2}{a^2}$

(4) $\left(\dfrac{b^2}{a^3}\right)^3 = \dfrac{(b^2)^3}{(a^3)^3} = \dfrac{b^6}{a^9}$

제 3 절 식의 계산

식의 계산을 위한 기본 개념

식의 사칙연산은 덧셈과 뺄셈을 하는 경우와 곱셈과 나눗셈을 하는 경우가 다르다. 일반적으로 식의 덧셈과 뺄셈은 동류항에 대해서만 가능하다. 여기서 동류항이란 문자와 차수가 같은 항을 말한다. 식의 덧셈과 뺄셈은 동류항의 계수끼리 합과 차를 계산하면 된다. 식의 곱셈과 나눗셈은 동류항 여부와 관계없이 계수는 계수끼리 곱하거나 나누고 문자는 문자끼리 곱하거나 나누면 된다.

단항식의 계산

단항식의 덧셈과 뺄셈은 앞에서 설명한 바와 같이 두 단항식이 동류항인 경우에만 계산이 가능하다. 예를 들어 $2x+3x$는 두 단항식이 동류항이므로 $(2+3)x=5x$와 같이 계산이 가능하지만 $2x+3y$나 x^2-4x는 두 단항식이 동류항이 아니므로 계산 결과가 $2x+3y$와 x^2-4x이 된다.

예 제

3-9. 다음 식을 계산하시오.

(1) $7+5x$ (2) $3x-5x$ (3) $4x+6y$ (4) $6y-2y$

풀 이

(1) 7과 $5x$는 동류항이 아니므로 $7+5x$는 $7+5x$가 된다.

(2) $3x-5x=(3-5)x=-2x$

(3) $4x$와 $6y$는 동류항이 아니므로 $4x+6y$는 $4x+6y$가 된다.

(4) $6y-2y=(6-2)y=4y$

단항식의 곱셈에서는 부호, 숫자, 같은 문자의 순서대로 계산하면 편리하다. 예를 들면

$$7x^2 \times 3x^3 = (7 \times 3) \times (x^2 \times x^3) = 21x^5$$

와 같다.

예 제

3-10. $3ax^2 \times (-4a^2x)$를 간단히 하시오.

풀 이

$3ax^2 \times (-4a^2x) = 3 \times (-4) \times (a \times a^2) \times (x^2 \times x) = -12a^3x^3$

단항식의 나눗셈은 다음과 같은 방법으로 계산한다.

[방법 1] 분수 꼴로 고친 후 계산한다.

⇨ $\mathrm{A} \div \mathrm{B} = \dfrac{\mathrm{A}}{\mathrm{B}}$

[방법 2] 나눗셈을 곱셈으로 고쳐서 계산한다.
(나누는 식의 역수를 곱한다.)

⇨ $\mathrm{A} \div \mathrm{B} = \mathrm{A} \times \dfrac{1}{\mathrm{B}} = \dfrac{\mathrm{A}}{\mathrm{B}}$

이를 이용하면 역수를 구할 때 부호는 그대로 하고 분자와 분모의 위치를 바꾼다. $-\dfrac{3}{5}x$의 역수는 $-\dfrac{5}{3x}$가 된다. 나누는 식이 분수 꼴일 때, [방법 2]를 이용하면 편리하다.

예 제

3-11. 다음 식을 간단히 하시오.

(1) $34a^2b \div 2a$ (2) $\frac{xy}{3} \div (-\frac{y}{6})$

풀 이

(1) $34a^2b \div 2a = \frac{34a^2b}{2a} = \frac{34}{2} \times \frac{a^2b}{a} = 17ab$

(2) $\frac{xy}{3} \div (-\frac{y}{6}) = \frac{xy}{3} \times (-\frac{6}{y}) = (-\frac{6}{3}) \times \frac{xy}{y} = -2x$

또는 [방법 1]을 이용하여 다음과 같이 계산할 수 있다.

$$\frac{xy}{3} \div (-\frac{y}{6}) = \frac{\frac{xy}{3}}{-\frac{y}{6}} = -\frac{6 \times xy}{3 \times y} = -2x$$

단항식의 곱셈과 나눗셈의 혼합 계산은 앞에서부터 순서대로 계산한다. 예를 들어 $6x^3y^4 \div 3x^4y^2 \times (-2xy)^2$의 계산은 다음과 같이 된다.

$$6x^3y^4 \div 3x^4y^2 \times (-2xy)^2 = \frac{6x^3y^4}{3x^4y^2} \times 4x^2y^2 = \frac{2y^2}{x} \times 4x^2y^2 = 8xy^4$$

예 제

3-12. 다음 식을 간단히 하시오.

(1) $34a^2b \div 2a \times 5a^2b^3$ (2) $x^3y^2 \times x^4y^3 \div 4x^5y^4$

풀 이

(1) $34a^2b \div 2a \times 5a^2b^3 = \frac{34a^2b}{2a} \times 5a^2b^3 = 17ab \times 5a^2b^3 = 85a^3b^4$

(2) $x^3y^2 \times x^4y^3 \div 4x^5y^4 = x^7y^5 \div 4x^5y^4 = \frac{1}{4}x^2y$

다항식의 계산

다항식의 덧셈과 뺄셈은 괄호가 있는 경우에는 먼저 괄호를 풀고 동류항끼리 모아서 간단히 한다. 괄호 앞에 마이너스 부호가 있는 경우 괄호를 풀 때 식의 각 항의 부호를 바꾸어야 한다. 예를 들면 $(5x+2)-(2x-3y-5)$는 아래와 같이 계산한다.

$$(5x+2)-(2x-3y-5)=5x+2-2x+3y+5$$
$$=(5-2)x+3y+(2+5)=3x+3y+7$$

예 제

3-13. 다음 식을 간단히 하시오.

(1) $(3y^2-2y+1)-(y^2+5y-6)$

(2) $(x^3+2y^2-1)+(3x^3-y^2+4)$

풀 이

(1) $(3y^2-2y+1)-(y^2+5y-6)=2y^2-2y+1-y^2-5y+6$
$=3y^2-y^2-2y-5y+1+6=(3-1)y^2+(-2-5)y+(1+6)$
$=2y^2-7y+7$

(2) $(x^3+2y^2-1)+(3x^3-y^2+4)=x^3+2y^2-1+3x^3-y^2+4$
$=(1+3)x^3+(2-1)y^2-1+4=4x^3+y^2+3$

분수 형태로 된 다항식의 덧셈과 뺄셈은 분모가 다른 다항식의 덧셈이나 뺄셈은 통분하여 간단히 한 후 계산한다. 예를 들어 $\frac{2x-1}{3}-\frac{(4x+5)}{2}$의 계산은 다음과 같다.

$$\frac{2x-1}{3}-\frac{(4x+5)}{2}=\frac{2(2x-1)-3(4x+5)}{6}$$

$$=\frac{4x-2-12x-15}{6}=\frac{-8x-17}{6}=-\frac{8x+17}{6}$$

예 제

3-14. 다음 식을 간단히 하시오.

(1) $\frac{2x-3y}{2}-\frac{3x-2y}{6}$

(2) $\frac{2a+6}{4}-\frac{a+3}{6}$

풀 이

(1) $\frac{2x-3y}{2}-\frac{3x-2y}{6}=\frac{6(2x-3y)-2(3x-2y)}{12}$

$=\frac{12x-18y-6x+4y}{12}=\frac{(12-6)x+(-18+4)y}{12}=\frac{6x-14y}{12}=\frac{3x-7y}{6}$

(2) $\frac{2a+6}{4}-\frac{a+3}{6}=\frac{3(2a+6)-2(a+3)}{12}=\frac{6a+18-2a-6}{12}$

$=\frac{(6-2)a+18-6}{12}=\frac{4a+12}{12}=\frac{a+3}{3}$

식의 전개

다항식의 곱셈에서 괄호를 풀어 하나의 다항식으로 나타내는 것을 전개한다고 하며, 전개하여 얻은 식을 전개식이라고 한다. 예를 들어 $3x(x-y-1)$를 전개하면 $3x^2-3xy-3x$를 얻으며 이를 전개식이라 한다.

다항식의 내림차순은 한 개의 문자에 대하여 차수가 높은 항부터 차례로 나열한 것이며 오름차순은 한 개의 문자에 대하여 차수가 낮은 항부터 차례로 나열한 것을 말한다. 예를 들어 다항식 $5+2x^2+6x^3+x$를 내림차순으로 정리하면 $6x^3+2x^2+x+5$를 얻으며 오름차순으로 정리하면 $5+x+2x^2+6x^3$가 된다. 일반적으로 다항식의 전개에서는 내림차순으로 정리한다.

(단항식) × (다항식)의 계산은 다음과 같은 분배법칙을 이용하여 식을 전개한다.

$$A(B+C) = AB+AC \qquad (B+C)A = AB+AC$$

예를 들면 $-2x(3x^2-x+6)=-6x^3 2x^2-12x$와 같다.

(다항식)×(다항식)의 계산은 다음과 같이 분배법칙을 이용하여 전개한 다음 동류항끼리 모아서 간단히 한다.

$$(A+B)(C+D)=AC+AD+BC+BD$$

이 과정에서 전개식에서 동류항이 있으면 간단히 하고 내림차순으로 정리하며 동류항끼리는 간단히 할 수 있다. 예를 들면 다음과 같다.

$$(2x+1)(3x-5)=6x^2-10x+3x-5=6x^2-7x-5$$

예 제

3-15. 다음 식을 전개하여 간단히 하시오.

(1) $6x(2x^3-3x^2+3)$

(2) $(2y+6)(y+3)$

풀 이

(1) $6x(2x^3-3x^2+3)=12x^4-18x^3+18x$

(2) $(2y+6)(y+3)=2y^2+6y+6y+18=2y^2+12y+18$

(다항식)÷(단항식)의 계산은 다음과 같은 두 가지 방법이 있다.

[방법 1] 분수의 꼴로 고쳐서 계산하는 방법

$$(A+B+C)\div D=\frac{A+B+C}{D}=\frac{A}{D}+\frac{B}{D}+\frac{C}{D}$$

[방법 2] 단항식의 역수를 다항식의 각 항에 곱하는 방법

$$(A+B+C)\div D= A\times\frac{1}{D}+B\times\frac{1}{D}+C\times\frac{1}{D}$$

단항식이 분수 꼴일 때는 [방법 2]에 따르는 것이 좋다.

예 제

3-16. 다음 식을 간단히 하시오.

(1) $\left(4x^3-6x^2+8x\right)\div 2x$

(2) $\left(3x^2y-2x\right)\div\dfrac{1}{2}x$

풀 이

(1) $\left(4x^3-6x^2+8x\right)\div 2x=\dfrac{4x^3-6x^2+8x}{2x}=2x^2-3x+4$

(2) $\left(3x^2y-2x\right)\div\dfrac{1}{2}x=\left(3x^2y-2x\right)\times\dfrac{2}{x}=3x^2y\times\dfrac{2}{x}-2x=6xy-4$

[방법 1]에서 분자를 분모로 나눌 때 분자의 모든 항을 분모로 나누어야 한다. 예를 들면, $\dfrac{9x^2+6x}{3x}=3x+2$이어야 한다. 또한 $\dfrac{1}{7}x=\dfrac{x}{7}$이므로 $\dfrac{1}{7}x$의 역수는 $\dfrac{7}{x}$이다.

사칙연산이 혼합된 계산에서는 괄호를 먼저 푼 후 곱셈이나 나눗셈을 한 다음 덧셈이나 뺄셈을 한다. 예를 들면 $3a(2a+4b)-4ab\div b\times a$는 다음과 같이 계산된다.

$$3a(2a+4b)-4ab\div b\times a=3a\times 2a+3a\times 4b-\frac{4ab}{b}\times a$$
$$=6a^2+12ab-4a^2=6a^2-4a^2+12ab=2a^2+12ab$$

다항식의 곱셈을 계산하는데 편리한 공식이 몇 가지 있는데 첫 번째가 완전제곱식 공식이다. 이는 $(a+b)^2$와 $(a-b)^2$같은 형태의 완전제곱형태의 식을 전개하는데 유용하게 활용될 수 있으며 다항식을 완전제곱식 형태로 만들 때도 사용될 수 있다.

완전제곱식 공식

(1) $(a+b)^2=a^2+2ab+b^2$ (2) $(a-b)^2=a^2-2ab+b^2$

$(-a-b)^2 = ((-1)(a+b))^2 = (-1)^2(a+b)^2 = (a+b)^2$이며 $(-a+b)^2 = (a-b)^2$가 성립된다. 그러나 $(a+b)^2 \neq a^2+b^2$이며 $(a-b)^2 \neq a^2-b^2$임에 유의하기 바란다.

예 제

3-17. 다음 식을 전개하시오.

(1) $(a+2b)^2$　　(2) $(2x-3y)^2$

(3) $(-3x-2y)^2$　　(4) $(-a+b)^2$

풀 이

(1) $(a+2b)^2 = a^2 + 2\times a \times 2b + (2b)^2 = a^2 + 4ab + b^2$

(2) $(2x-3y)^2 = (2x)^2 - 2\times 2x \times 3y + (3y)^2 = 4x^2 - 12xy + 9y^2$

(3) $(-3x-2y)^2 = (3x+2y)^2 = 9x^2 + 12xy + 4y^2$

(4) $(-a+b)^2 = (a-b)^2 = a^2 - 2ab + b^2$

두 번째 공식은 합∘차 공식인데 $(a+b)(a-b)$의 전개에 유용하게 활용된다.

합∘차 공식

$$(a+b)(a-b) = a^2 - b^2$$

예 제

3-18. 다음 식을 전개하시오.

(1) $(3x-2y)(3x+2y)$　　(2) $(-2x+3)(-2x-3)$

풀 이

(1) $(3x-2y)(3x+2y) = (3x)^2 - (2y)^2 = 9x^2 - 4y^2$

(2) $(-2x+3)(-2x-3) = (-2x)^2 - 3^2 = 4x^2 - 9$

두 다항식의 곱셈 $(x+a)(x+b)$은 다음과 같이 계산한다.

$$(x+a)(x+b)=x^2+(a+b)x+ab$$

예 제

3-19. 다음 두 다항식의 곱셈을 하시오.

(1) $(x+3)(x+2)$

(2) $(x-4)(x+1)$

(3) $(x-2y)(x-3y)$

풀 이

(1) $(x+3)(x+2)=x^2+(3+2)x+3\times 2=x^2+5x+6$

(2) $(x-4)(x+1)=x^2+(-4-1)x+(-4)\times 1=x^2-3x-4$

(3) $(x-2y)(x-3y)=x^2+(-2y)+(-3y)x+(-2y)\times(-3y)=x^2-5xy+6y^2$

x에 계수가 있는 두 다항식의 곱 $(ax+b)(cx+d)$은 다음과 같이 계산한다.

$$(ax+b)(cx+d)=acx^2+(ad+bc)x+bd$$

예 제

3-20. 두 다항식의 곱 $(2x+3)(5x-4)$을 전개하시오.

풀 이

$$\begin{aligned}(2x+3)(5x-4)&=(2\times 5)x^2+2\times(-4)+3\times 5x+3\times(-4)\\&=10x^2+7x-12\end{aligned}$$

위에서 설명한 공식이 생각나지 않을 때는 분배법칙을 이용하여 전개한 후 동류항끼리 간단히 정리할 수 있다.

수의 제곱이나 곱셈을 계산할 때 곱셈 공식을 이용하면 쉽게 계산할 수 있다.

(1) 제곱형태의 계산

$$(a+b)^2 = a^2 + 2ab + b^2$$
$$(a-b)^2 = a^2 - 2ab + b^2$$

예를 들어 103^2은 완전제곱식 공식을 이용하여 다음과 같이 계산할 수 있다.

$$103^2 = (100+3)^2 = 100^2 + 2(100)(3) + 3^2 = 10000 + 600 + 9 = 10609$$

(2) 두 수의 곱의 계산

$$(a+b)(a-b) = c^2 - b^2$$

예를 들어 102×98은 합∘차 공식을 이용하여 다음과 같이 계산할 수 있다.

$$102 \times 98 = (100+2)(100-2) = 100^2 - 2^2 = 10000 - 4 = 9996$$

주어진 문제의 조건이 합∘차∘곱의 형태로 되어 있을 때 다음과 같은 곱셈 공식의 변형 공식을 이용한다.

(1) $x^2 + y^2 = (x+y)^2 - 2xy = (x-y)^2 + 2xy$

(2) $(x-y)^2 = (x+y)^2 - 4xy$

(3) $(x+y)^2 = (x-y)^2 + 4xy$

예 제

3-21. $x+y=3$이고 $xy=2$일 때 다음의 값을 각각 구하여라.

(1) $x^2 + y^2$　　　　(2) $(x-y)^2$

풀 이

(1) $x^2 + y^2 = (x+y)^2 - 2xy = 3^2 - 2 \times 2 = 5$

(2) $(x-y)^2 = x^2 + y^2 - 2xy = 5 - 2 \times 2 = 1$

식의 대입과 값의 계산

식의 값이란 어떤 식의 문자 대신 수를 대입하여 계산한 값을 의미하며 식의 값 구하는 방법은 주어진 식을 간단히 정리한 후 식에 있는 문자 대신 수를 대입하여 계산한다. 이때 음수를 대입하는 경우 괄호로 묶어서 대입한다.

예 제

3-22. $x=3,\ y=-2$일 때 $(12x^2y-16xy^2)\div 2xy$의 값을 구하여라.

풀 이

$$(12x^2y-16xy^2)\div 2xy=\frac{12x^2y-16xy^2}{2xy}=6x-8y$$

$$\therefore\ 6x-8y=6\times 3-8\times(-2)=18+16=34$$

식의 대입이란 주어진 식의 문자 대신 그 문자를 나타내는 다른 식을 대입하는 것을 의미하며 어떤 식의 문자에 식을 대입하는 방법은 주어진 식을 간단히 하고 대입하는 식을 괄호로 묶어서 대입한 다음 동류항끼리 모아서 간단히 정리하면 된다.

예 제

3-23. $y=2x+3$일 때 $3x+2y-3$을 x에 관한 식으로 나타내 보시오.

풀 이

주어진 식 $3x+2y-3$에 y대신 $2x+3$을 대입하면

$3x+2y-3=3x+2(2x+3)-3=3x+4x+6-3=7x+3$가 된다.

두 개 이상의 문자, x와 y가 있는 등식이 주어진 경우 한 문자(y)를 다른 문자(x)에 관한 식으로 나타내려면 y항은 좌변으로, 나머지는 우변으로 이항하고 y의 계수가 1이 되도록 양변을 y의 계수로 나누어 주면 된다. 이를 '등식을 y에 대하여 푼다'라고 표현한다.

예제

3-24. 등식 $7x+2y-1=3x-y+4$를 y에 관하여 풀어라.

풀이

$7x+2y-1=3x-y+4$

$\Rightarrow 2y+y=3x-7x+4+1$

$\Rightarrow 3y=-4x+5$

$\therefore\ y=-\dfrac{4}{3}x+\dfrac{5}{3}$

연 습 문 제

1. 다음 문자식을 규칙에 맞추어 간단히 하시오.

(1) $a \times 3 + 2 \times b$ (2) $x \times a \times y \times 5$

(3) $a \times c \times c \times a \times c \times b \times b \times c$ (4) $y \div 5 + (-1) \times x \div 3$

2. 다음 식에서 x와 y의 값이 각각 6과 −2이라면 다음 식의 값은 얼마인가?

(1) $7xy$ (2) $10x - y$

(3) $4y$ (4) $2x \div 6y$

3. 다음 식의 차수는 얼마인지 설명하시오.

(1) $2x^3 - 2x + 1$ (2) $3x^4 - 5y^2$ (3) $4x^2y^3 + 5$

4. 휴대전화 하나 생산을 위한 부품비용은 200,000원이고 고정비용은 350,000원이라고 한다. 휴대폰의 판매가격은 700,000원을 받으려고 한다. 물음에 답하시오.

(1) 휴대전화를 x개 생산하는 경우 제조비용은 얼마인지 식으로 표현하시오.

(2) 휴대전화를 x개 생산하여 모두 판매한다고 할 때 판매수익은 얼마인지 식으로 표현하시오.

(3) 휴대전화를 x개 생산하여 모두 판매한다고 할 때 이익은 얼마인지 식으로 표현하시오.

5. 한밭상사는 새로운 사업에 진출하기 위하여 20억 원의 자금을 필요로 하고 있다. 이 회사의 김 대표는 회시가 보유하고 있는 현금이 부족한 경우 은행으로부터 나머지 자금을 차입하려고 한다. 만일 회사의 현금 보유액이 y억 원이라면 차입금은 얼마인지 식으로 나타내시오.

6. 식당용 포크와 나이프를 생산하기 위해서는 프레스공정, 도금공정과 광택공정을 거쳐야 한다. 포크 한 개 생산에는 10분의 프레스공정, 20분의 도금공정과 50분의 광택공정을 필요로 한다. 또한 나이프 한 개 생산에는 5분의 프레스공정, 10분의 도금공정과 40분의 광택공정을 필요로 한다. 물음에 답하시오.

(1) 포크 x개와 나이프 y개를 생산하는 경우 프레스공정에 소요되는 시간을 식으로 표현하시오.

(2) 포크 x개와 나이프 y개를 생산하는 경우 도금공정에 소요되는 시간을 식으로 표현하시오.

(3) 포크 x개와 나이프 y를 생산하는 경우 광택공정에 소요되는 시간을 식으로 표현하시오.

(4) 포크 x개와 나이프 y를 생산하는 경우 소요되는 시간을 식으로 표현하시오.

7. 다음 식을 간단히 하시오.

(1) $x^3 \times x^7$

(2) $x^5 \times x^{-3}$

(3) $x^3 \times y^4 \times x^5 \times z^2$

(4) $x^3 \times y^4 \times x^{-3} \times y^{-2}$

8. 다음 식을 간단히 하시오.

(1) $(x^3)^2 \times (x^{-2})^2$

(2) $\{(x^2)^2\}^2$

(3) $(x^3 \times x^2)^3$

9. 다음의 식을 지수법칙을 이용하여 간단히 하시오.

(1) $(xy)^4$

(2) $(x^3y^2)^2$

(3) $\left(\dfrac{b^4}{a^2}\right)^3$

(4) $\left(\dfrac{b^2}{a^{\frac{1}{3}}}\right)^3$

10. 다음의 식을 지수법칙을 이용하여 간단히 하시오.

(1) $(x^2y^3)^{\frac{1}{3}}$

(2) $(x^3y^{\frac{1}{2}})^2$

(3) $\left(\dfrac{b^{-2}}{a^{-3}}\right)^{-1}$

11. 다음 식을 간단히 하시오.

(1) $4a^4b^2 \div 2a^2b$

(2) $\dfrac{x^2y^3}{3} \div \dfrac{xy^2}{9}$

(3) $2a \times 4a^2b \div 2a^2b^3$

12. 다음 식을 간단히 하시오.

(1) $4x^3y^2 \div 24x^5y^4 \times 2x^2y^2$ (2) $4a^2x^3 \times 2ax^2$

13. 다음 식을 전개하시오.

(1) $(3a+2b)^2$ (2) $(3x-2y)^2$ (3) $(-3x+2y)^2$

14. 다음 식을 전개하시오.

(1) $(x-y)(2x+3y)$ (2) $(2x+3)(x-2)$

15. 다음 두 다항식의 곱셈을 하시오.

(1) $(x+3)(x+2)$ (2) $(2x+3)(3x+2)$

(3) $(x-3)(2x-2)$

16. $x-y=2$이고 $xy=2$일 때 x^2+y^2와 $(x+y)^2$의 값을 각각 구하여라.

17. $x=2$, $y=-4$일 때 다음 식의 값을 구하여라.

(1) $(12x^2y-16xy^2)\div 2xy$ (2) $3x(4x+2y)-(3x^2y-6xy^2)\div 2y$

18. $x-y=5$일 때 $3x+xy-7$을 x에 관한 식으로 나타내 보시오.

19. $y-x=3$일 때 $x+2y-3$을 x에 관한 식으로 나타내 보시오.

20. 다음 등식을 y에 관하여 푸시오.

(1) $x+2y+4=3x-y+4$

(2) $5x+2y-7=3x-3y+2$

Chapter 4

일차방정식과 일차부등식

제 1 절 일차방정식

일차방정식이란 변수 x의 최고차항이 1차인 다항 방정식으로, 일반적으로 $ax+b=0$의 꼴로 나타낼 수 있다. 여기서 $3x+y+2$은 일차방정식이 아닌 일차식이며 $x+3=0$은 미지수가 1개인 일차방정식이고 $x^2+y=1$은 이차방정식이라는 점을 주의하여야 한다.

일차방정식을 푸는 방법은 등식의 성질을 이용하는 방법과 이항하는 방법이 있는데 일반적으로 이항을 이용하여 일차방정식을 푼다. 이 방법은 동류항끼리 모아서 계산을 하는 방법이다. 여기서 기억할 것은 이항할 때 양(+)의 부호는 음(−)의 부호로, 음(−)의 부호는 양(+)의 부호로 바뀌는 것이다.

예를 들어 일차방정식 $6x+5=4x+9$를 풀어보자.

$6x+5=4x+9$

↓ 　　　$4x$를 좌변으로 이항하고 1을 우변으로 이항

$6x-4x=9-5 \Rightarrow 2x=4$

↓ 　　　양변을 2로 나눔

$2x \div 2 = 4 \div 2 \Rightarrow x=2$

일차방정식의 유형과 풀이

일차방정식은 문제 유형이 괄호, 소수, 유리수, 특수한 해를 가지는 네 가지로 나뉜다. 이 네 가지 유형은 일차방정식을 풀 때 자주 나온다.

1) 괄호가 있는 일차방정식

괄호가 있는 일차방정식은 분배법칙을 이용하여 괄호를 먼저 푼 다음 방정식을 풀면 된다.

$3(x+4)=4(x+2)$

↓ 좌변과 우변을 전개하면

$3x+12=4x+8$

↓ 동류항끼리 모으기 위해 이항하면

$3x-4x=8-12 \Rightarrow -x=-4$

↓ 양변에 −1을 곱하면

$x=4$

위의 풀이방법처럼 분배법칙을 이용하면 괄호를 풀 수 있고 이항을 이용하여 문제 해결을 할 수 있다. 괄호가 많아서 일차방정식이 복잡하면 분배법칙을 가장 먼저 생각하여야 한다.

예 제

4-1. 일차방정식 $3(x+4)=4x$의 해를 구하시오.

풀 이

분배법칙을 이용하여 괄호를 풀고 이항을 이용하여 다음과 같이 해를 구할 수 있다.

$3(x+4)=4x \Rightarrow 3x+12=4x \Rightarrow 3x-4x=-12 \Rightarrow -x=-12$

$\Rightarrow (-x)\times(-1)=(-12)\times(-1) \Rightarrow x=12$

4-2. 일차방정식 $2(x-1)=5(x+4)$의 해를 구하시오.

풀 이

분배법칙을 이용하여 괄호를 풀고 이항을 이용하여 다음과 같이 해를 구할 수 있다.

$2(x-1)=5(x+4) \Rightarrow 2x-2=5x+20 \Rightarrow 2x-5x=20+2$

$\Rightarrow -3x=22 \Rightarrow x=\dfrac{22}{-3}=-\dfrac{22}{3}$

2) 소수가 있는 일차방정식

등식은 양변에 어떤 수를 곱해도 그 등식은 성립하는 성질을 가지고 있다. 이를 이용하여 소수가 있는 일차방정식은 x의 계수가 소수이므로 양변에 적당한 수를 곱해 정수에 관한 일차방정식으로 바꾼 후 계산을 한다. 일반적으로 곱하는 수는 10이나 100등과 같은 수이다.

예 제

4-3. 일차방정식 $0.3x + 0.6 = 0.2x + 0.9$의 해를 구하시오.

풀 이

일차방정식 x의 계수가 소수점 첫째자리까지 있으므로 양변에 10을 곱하면 소수를 정수로 만들 수 있다. 따라서 양변에 10을 곱한 후 이항을 이용하여 다음과 같이 해를 구할 수 있다.

$10 \times (0.3x + 0.6) = 10 \times (0.2x + 0.9) \Rightarrow 3x + 6 = 2x + 9$

$\Rightarrow 3x - 2x = 9 - 6 \Rightarrow x = 3$

4-4. 일차방정식 $0.05x - 0.04 = 0.03x + 0.20$의 해를 구하시오.

풀 이

양변에 100을 곱하여 소수를 정수로 만든 후 이항을 이용하여 다음과 같이 해를 구할 수 있다.

$0.05x - 0.04 = 0.03x + 0.20 \Rightarrow 5x - 4 = 3x + 20 \Rightarrow 2x = 24$

$\Rightarrow x = 12$

3) 유리수가 있는 일차방정식

소수가 있는 일차방정식과 마찬가지로 분모에 있는 수들의 최소공배수를 양변에 곱해 x의 계수를 정수로 만둔 후 방정식을 풀면 된다. 여기서 최소공배수란 두 수의 공통된 배수 중 가장 작은 수를 말한다. 예를 들어 2와 3의 공배수는 6, 12, 18, ... 이 있는데 이 중 가장 작은 수인 6을 2와 3의 최소공배수라고 한다.

최소공배수를 이용한 분수의 덧셈

두 분수 $\frac{b}{a}$와 $\frac{d}{c}$의 덧셈 $\frac{b}{a}+\frac{d}{c}$의 계산은 다음과 같이하면 된다.

1) 만일 두 분모가 같은 경우, 즉, $a=c$인 경우는 분모는 그대로 둔 채 분자만 더하면 된다.

$$\frac{b}{a}+\frac{d}{c}=\frac{b}{a}+\frac{d}{a}=\frac{b+d}{a}$$

2) 만일 두 분모가 다른 경우, 즉, $a \neq c$인 경우는 공통분포를 찾기 위하여 두 분모의 최소공배수(가장 작은 배수)를 구하거나 또는 공통분포를 ac로 하여 다음과 같이 구할 수 있다.

$$\frac{b}{a}+\frac{d}{c}=\frac{bc}{ac}+\frac{da}{ca}=\frac{bc+da}{ac}$$

예 제

4-5. 일차방정식 $\frac{7}{6}x+\frac{3}{2}=\frac{4}{7}x+8$의 해를 구하시오.

풀 이

유리수의 분모를 보면 6, 2, 7 이므로 최소공배수는 42 이다. 따라서 양변에 42를 곱한 후 이항을 이용하여 다음과 같이 해를 구할 수 있다.

$$42\times\left(\frac{7}{6}x+\frac{3}{2}\right)=42\times\left(\frac{4}{7}x+8\right) \Rightarrow 49x+63=24x+336$$

$$\Rightarrow 49x-24x=336-64x \Rightarrow 25x=273 \Rightarrow x=\frac{273}{25}$$

4-6. 일차방정식 $\frac{2}{3}x+1=\frac{1}{5}x+2$의 해를 구하시오.

풀 이

3과 5의 공배수는 $3\times5=15$이므로 양변에 15를 곱한 후 이항을 이용하여 다음과 같이 해를 구할 수 있다.

$$\frac{2}{3}x+1=\frac{1}{5}x+2 \Rightarrow 10x+15=3x+30 \Rightarrow 7x=15 \Rightarrow x=\frac{15}{7}$$

4) 특수한 해를 가지는 일차방정식

일차방정식이 특수한 해를 가지는 경우는 두 가지이다. 첫 번째는 해가 없는 경우이고, 두 번째는 해가 무수히 많은 경우이다. 보통 일차방정식을 풀 때 해가 한 개만 나올 것이라 생각하고 그 해를 구하기 위해 등식의 성질과 이항을 이용해 푼다. 이렇게 해도 해가 없는 경우와 해가 무수히 많은 경우가 나온다.

일차방정식 $2x+5=2x+4$를 풀어보자.

$$2x+5=2x+4 \Rightarrow 2x-2x=4-5 \Rightarrow 0\times x=-1$$

0에 어떤 수를 곱하여 –1 을 나오게 하는 수는 없다. 0은 어떤 수를 곱해도 값을 0으로 만든다. 그러면 x는 없으므로 해가 없다. 이것은 만족하는 해를 구할 수 없다고 하여 불능(不能)이라고도 한다.

또 다른 경우를 생각해보자. 일차방정식 $2x+1=2x+1$을 풀어보자.

이 방정식은 좌변항과 우변항이 동일한 방정식이다. 이를 항등식이라 한다. 따라서 이 방정식을 만족하는 x는 무수히 많다. 따라서 해는 무수히 많다. 이것을 해를 정하지 못한다고 하여 부정(不定)이라고도 한다.

일차방정식의 활용

기업을 경영하는 과정에서 발생하는 다양한 의사결정문제 중 일차방정식을 이용하여 풀 수 있는 단순한 문제가 많이 존재한다. 이때 의사결정문제에 대한 답을 얻기 위하여 다음과 같은 절차에 따르면 매우 편리하다.

(1) 주어진 문제에서 구하고자 하는 것이 무엇인지 알아낸다.

(2) 미지수 x를 선택한다.

(3) 일차방정식을 세운다.

(4) 방정식을 푼다.

일차방정식은 시간, 가격, 증감율 등 다양한 분야에서 활용된다.

1) 시간에 관한 일차방정식의 활용 문제

시간에 관한 문제 중 가장 기본적인 문제는 나이에 관한 문제이다. 예를 들어, 철규는 12 살, 철규 아버지는 40 살이라 하자. 몇 년 후에 철규 아버지의 나이가 철규 나이의 2 배가 될까?

먼저 몇 년 후를 x 년 후로 정하고 철규 아버지와 철규 나이를 표로 작성하면 다음과 같다.

	철규 아버지	철규
현재 나이	40	12
미래 나이	$(40+x)$살	$(12+x)$살

미래 나이를 이용하여 문제에서 요구하는 것을 일차방정식으로 나타내면 $40+x=2(12+x)$이며 이를 풀면 $x=16$가 된다. 즉, 16 년 후에 철규 아버지는 56 살 철규는 28 살로, 철규 아버지가 철규 나이의 2 배가 된다. 나이 문제뿐만 아니라 시간과 관계가 있는 문제들도 방정식을 이용하여 답을 구할 수 있다.

예 제

4-7. 올해 A기업의 매출액은 35억이고 B기업의 매출액은 5억이다. 매년 매출액이 1억씩 증가한다고 가정하였을 때 A기업의 매출액이 B기업 매출액의 3배가 되는 것은 몇 년 후인가?

풀 이

x년 후의 A기업의 매출액과 B기업의 매출액은 각각 $35+x$와 $5+x$가 된다.
그리고 $35+x=3(5+x)$와 같은 방정식을 세울 수 있다.
따라서 이를 풀면

$$35+x=3(5+x) \Rightarrow 35+x=15+3x \Rightarrow 20=2x \Rightarrow x=10$$

와 같이 되며 10년 뒤에 A기업의 매출액이 B기업 매출액의 3배가 된다.

2) 가격에 관한 일차방정식의 활용문제

400원짜리 부품을 20%에 싸게 샀다면 부품의 구매 가격은 원래 가격 400원의 80%가 된다. 이를 식으로 표현하면 다음과 같다.

$$400 \times 0.8 = 400 \times (1 - 0.2) = 320\text{원}$$

위의 식에서 원가에 (1–할인비율)을 곱하면 구입액이 된다. 어느 상인이 10,000원에 물건을 들여와서 12,000원에 팔아 2,000원의 이익을 얻었다면 $\frac{12,000 - 10,000}{10,000} \times 100(\%)$ $= 20\%$의 이익이다. 따라서 정가 = 원가 + 이익, 이익률 $= \frac{\text{판매가격} - \text{원가}}{\text{원가}}$가 된다.

예 제

4-8. 어떤 물건의 원가에 40%의 이익을 붙여 정가를 정하고, 정가에서 300원을 할인하여 판매하였더니 1개를 팔 때마다 원가의 20%의 이익을 얻었다. 이때 이 물건의 원가는?

풀 이

물건의 원가를 x라고 하면 정가는 $x(1+0.4) = 1.4x$가 되며 판매가격은 $1.4x - 300$가 될 것이다. 이익은 판매가격에서 원가를 뺀 것이므로 $(1.4x - 300) - x = 0.2x$와 같은 방정식을 세울 수 있다. 따라서

$(1.4x - 300) - x = 0.2x \Rightarrow 0.4x - 300 = 0.2x \Rightarrow 4x - 3000 = 2x$

$\Rightarrow 2x = 3000 \Rightarrow x = 1500$이 됨을 알 수 있다.

3) 증감율에 대한 일차방정식의 활용문제

처음에 주어진 양 a 에 대해 $x\%$ 증가한 후의 양은 $a\times(1+\frac{x}{100})$, $x\%$ 감소한 후의 양은 $a\times(1-\frac{x}{100})$이다. 이를 이용하여 가격 상승이나 급여 상승 등에 관한 다양한 문제를 풀 수 있다

예를 들어 어느 회사의 신입사원 연봉은 지난해보다 10% 인상되어 3850만원이 되었다고 하자. 지난해의 연봉을 구하고자 한다면, 지난해의 연봉을 x 만원으로 하여 다음과 같은 일차방정식을 세운다.

$$x\times(1+\frac{10}{100})=3850 \Rightarrow x=3500$$

가 되므로 지난해의 연봉은 3500만원이다.

예 제

4-9. 어느 슈퍼마켓의 매출액은 작년에 비하여 20% 증가하여 올해는 1억5천만 원이 되었다. 이 슈퍼마켓의 작년도 매출액은 얼마인가?

풀 이

x를 작년도의 매출액이라고 하면 올해의 매출액은 $x+0.2x=1.2x$가 되며 '$1.2x=1.5$억원' 과 같은 방정식을 세울 수 있다. 따라서 이를 풀면

$$1.2x=1.5 \Rightarrow 12x=15 \Rightarrow x=\frac{15}{12}=1.25$$

와 같이 되며 작년의 매출액은 1.25억 원임을 알 수 있다.

제 2 절 연립일차방정식

미지수가 2개인 일차방정식

미지수가 x와 y이고, 차수가 모두 1인 방정식

$$ax+by+c=0\,(a, b, c\text{는 상수}, a\neq 0,\ b\neq 0)$$

을 미지수가 2개인 일차방정식 또는 미지수 x, y에 관한 일차방정식이라고 한다. 예를 들어 $3x+y-1=0$, $x+2y=3$는 미지수가 2개인 일차방정식이다.

미지수가 x와 y인 일차방정식을 만족하는 x, y의 값 또는 그 순서쌍 (x, y)를 이 방정식의 해라고 한다. 이때 방정식의 해를 모두 구하는 것을 '방정식을 푼다' 고 한다.

참고로 순서쌍이란 두 수의 순서를 생각하여 두 수를 짝지어 나타낸 것이다. 미지수가 x, y인 일차방정식의 해는 $x=a$, $y=b$와 같이 나타내거나 (a, b)와 같이 순서쌍으로 나타낸다. $(x, y)\neq(y, x)$임을 명심하자.

예 제

4-10. 일차방정식 $2x-y=-2$에 대한 다음 질문에 답하시오.

(1) $x=2$, $y=5$가 위 방정식의 해가 되는지 확인하시오.

(2) $y=4$이 위 방정식의 해가 되기 위한 x의 값을 구하시오.

풀 이

(1) $x=2$, $y=5$를 위 방정식에 대입하면 $2(2)-5=-2$이므로 좌변항의 값은 -1이 되어 우변항의 값 -2와 같지 않음을 알 수 있다. 따라서 $x=2$, $y=5$는 위 방정식의 해가 될 수 없다.

(2) $y=4$을 위 방정식에 대입하고 x에 관하여 풀면 다음과 같다.
$2x-4=-2 \Rightarrow 2x=-2+4 \Rightarrow 2x=2 \Rightarrow x=1$

예 제

4-11. x, y가 자연수일 때, 일차방정식 $x+2y=8$의 해를 구하시오.

풀 이

x가 자연수이므로 주어진 방정식에 x=1, 2, 3,...을 대입하여 y의 값을 구하면 다음 표와 같다.

x	1	2	3	4	5	6	7	8	9	$\cdots$
y	$\frac{2}{7}$	3	$\frac{5}{2}$	2	$\frac{3}{2}$	1	$\frac{1}{2}$	0	$-\frac{1}{2}$	$\cdots$

이때 x, y는 모두 자연수이므로 구하는 해는 (2, 3), (4, 2) 그리고 (6, 1)이다.

연립일차방정식

m개의 일차방정식을 모아놓은 것을 연립일차방정식 또는 간단히 연립방정식이라고 한다. 연립일차방정식의 예를 들면 다음과 같다.

$$\begin{cases} x+y=1 \\ x-y=3 \end{cases} \qquad \begin{cases} 2x+y-z=0 \\ 3x-2y+3z=7 \end{cases}$$

예 제

4-12. 연립방정식 $\begin{cases} 2x+y+z=6 \\ x+2y-z=6 \end{cases}$에 대해 물음에 답하시오.

(1) $x=1$, $y=3$, $z=1$이 위 연립방정식의 해임을 보이시오.

(2) $x=2$, $y=1$, $z=1$이 위 연립방정식의 해가 아님을 보이시오.

풀 이

(1) 위 연립방정식에 $x=1$, $y=3$, $z=1$을 대입하면 $\begin{cases} 2(1)+3+1=6 \\ 1+2(3)-1=6 \end{cases}$이 되어 두 방정식을 모두 만족시킴을 알 수 있다. 따라서 $x=1$, $y=3$, $z=1$는 위 연립방정식의 해가 된다.

(2) $x=2$, $y=1$, $z=1$은 두 방정식 중 위의 식은 만족하지만 아래 식은 만족하지 못한다. 따라서 $x=2$, $y=1$, $z=1$은 두 방정식을 모두 만족시키지 못함으로 주어진 연립방정식의 해가 될 수 없다.

x, y에 관한 두 일차방정식을 동시에 만족하는 x, y의 값 또는 순서쌍 (x, y)를 이 연립방정식의 해라고 한다. 두 일차방정식의 해의 집합을 각각 A, B라고 하면 연립방정식의 해의 집합은 A∩B이다.

예 제

4-13. x, y가 자연수일 때 $\begin{cases} x+y=5 \\ x+2y=6 \end{cases}$의 해를 구하시오.

풀 이

$x+y$의 해는 (1, 4), (2, 3), (3, 2), (4, 1)이고 $x+2y=6$의 해는 (2, 2), (4, 1)이다. 따라서 연립방정식의 해는 두 방정식을 동시에 만족하는 (4, 1)이다.

연립방정식의 풀이

미지수가 여러 개인 연립방정식에서 미지수 중 하나를 선택하여 없애는 것을 그 미지수를 소거한다고 한다. 미지수가 n개인 연립방정식에서 미지수를 하나씩 소거하여 미지수가 1개인 일차방정식을 만들면 그 미지수의 해를 구할 수 있다. 미지수를 소거하는 방법으로는 가감법과 대입법이 있으나 미지수의 개수가 세 개 이상인 경우에는 가감법을 사용하는 것이 편리하다. 여기에서는 가감법을 이용한 소거법을 이용하여 연립방정식의 해를 구하는 방법을 소개한다.

연립방정식에서 미지수를 소거하는 절차는 다음과 같다.

① 미지수 중 어느 것을 소거할 것인지 결정한다.

② 연립방정식을 구성하고 있는 방정식들 중 두 개의 방정식을 선택하여 소거할 미지수의 계수의 값이 같아지도록 각 방정식의 양변에 0이 아닌 상수 a를 곱한다.

③ 한 방정식에서 다른 방정식을 뺀다.

예 제

4-14. 연립방정식 $\begin{cases} x-2y=-4 \\ 2x+9y=5 \end{cases}$ 의 해를 구하시오.

풀 이

주어진 연립방정식을 다음과 같다.

$$\begin{cases} x-2y=-4 & \cdots\cdots\cdots\cdots\cdots (1) \\ 2x+9y=5 & \cdots\cdots\cdots\cdots\cdots (2) \end{cases}$$

미지수 x를 소거하기로 하고 x의 계수의 값이 같아지도록 식 (1)에 2를 곱한 다음 (1) × 2 − (2)를 하면

$$\begin{array}{rl} 2x-4y=-8 & \leftarrow (1)\times 2 \\ -\underline{\quad 2x+9y=5} & \leftarrow (2) \\ -13y=-13 & \end{array}$$

가 되며 $y=1$이 된다. $y=1$을 식 (1)에 대입하면 $x-2\times 1=-4$이고 $x=-2$이 된다. 따라서 $x=-2,\ y=1$이다.

예 제

4-15. 연립방정식 $\begin{cases} 2x+y+z=5 \\ 2x+3y-z=-1 \\ -x+y+z=3 \end{cases}$ 의 해를 구하시오.

풀 이

주어진 연립방정식을

$$\begin{cases} 2x+y+z=5 & \cdots (1) \\ 2x+3y-z=-1 & \cdots (2) \\ -x+y+z=3 & \cdots (3) \end{cases}$$

라 하자. 세 개의 미지수 중 x를 소거하기 위하여 (1)식과 (2)식을 고려하면 x의 계수가 같으므로 (1)-(2)를 하면

$$\begin{array}{rr} & 2x+\ \ y+z=\ \ 5 \\ - & 2x+3y-z=-1 \\ \hline & -2y+2z=6 \cdots (4) \end{array}$$

와 같이 된다. 또한 (1)식과 (3)식을 고려하면, x의 계수가 2와 -1이므로 (3)식에 -1을 곱하여 (1)식에서 빼면

$$\begin{array}{rr} & 2x+\ \ y+z=\ \ 5 \\ - & 2x-2y-2z=-6 \\ \hline & 3y+3z=11 \cdots (5) \end{array}$$

와 같이 된다. 또한 (4)식과 (5)식에서 y를 소거하기 위하여 (4)식에 3을 곱하고 (5)식에 2를 곱하여 빼면

$$\begin{array}{rr} & 6y-6z=-18 \\ - & 6y+6z=\ \ 22 \\ \hline & -12z=-40 \cdots (6) \end{array}$$

와 같이 되어 $z=\dfrac{-40}{-12}=\dfrac{10}{3}$이 된다. 이를 (4)식에 대입하면

$$-2y+2\left(\frac{10}{3}\right)=6 \Rightarrow -y=3-\frac{10}{3} \Rightarrow y=\frac{1}{3}$$

이 된다. ((5)식에 대입해도 같은 결과를 얻는다.) 마지막으로 $y=\dfrac{1}{3}$, $z=\dfrac{10}{3}$을 (3)식에 대입하면

$$-x+\frac{1}{3}+\frac{10}{3}=3 \Rightarrow -x=3-\frac{1}{3}-\frac{10}{3} \Rightarrow -x=-\frac{2}{3} \Rightarrow x=\frac{2}{3}$$

가 되어 $x=\dfrac{2}{3}$, $y=\dfrac{1}{3}$, $z=\dfrac{10}{3}$가 이 연립방정식의 해가 된다.

예 제

4-16. 연립방정식 $\begin{cases} 3x-2(x-y)=2 \\ 6(x-y)-3x=-5 \end{cases}$의 해를 구하시오.

풀 이

분배법칙을 이용하여 괄호를 풀고 동류항끼리 정리하면 연립방정식의 해를 구할 수 있다.

$$\begin{cases} 3x-2(x-y)=2 \\ 6(x-y)-3x=-5 \end{cases}$$
$$\rightarrow \begin{cases} 3x-2x+2y=2 \\ 6x-6y-3x=-5 \end{cases}$$
$$\rightarrow \begin{cases} x+2y=2 & \cdots\cdots (1) \\ 3x-6y=-5 & \cdots\cdots (2) \end{cases}$$

(1)식에 3을 곱하여 (2)식에 더하면 $6x=1$가 되며 $x=\dfrac{1}{6}$가 되며 이를 식 (1)에 대입하면

$\dfrac{1}{6}+2y=2 \Rightarrow 2y=\dfrac{11}{6} \Rightarrow y=\dfrac{11}{12}$가 된다.

4-17. 연립방정식의 $\begin{cases} \dfrac{x}{3}+\dfrac{y}{2}=1 \\ \dfrac{x}{4}+\dfrac{y}{3}=\dfrac{5}{6} \end{cases}$의 해를 구하시오.

풀 이

연립방정식의 양변에 분모의 최소공배수를 곱하여 계수를 정수로 고친 후 해를 구하면 편리하다.

$$\begin{cases} 6\times\left(\dfrac{x}{3}+\dfrac{y}{2}\right)=6\times 1 \\ 12\times\left(\dfrac{x}{4}+\dfrac{y}{3}\right)=12\times\dfrac{5}{6} \end{cases} \Rightarrow \begin{cases} 2x+3y=6 & \cdots\cdots (1) \\ 3x+4y=10 & \cdots\cdots (2) \end{cases}$$

식 (1)에 3을 곱하고 식 (2)에 2를 곱한 후 빼주면 $y=-2$가 되며 이를 식 (1)에 대입하면

$$2x+3(-2)=6 \Rightarrow 2x=12 \Rightarrow x=6$$

이 된다.

예 제

4-18. 연립방정식의 $\begin{cases} 0.2x - 0.1y = 0.4 \\ 2.1x - 1.3y = 9.2 \end{cases}$ 의 해를 구하시오.

풀 이

연립방정식의 양변에 10, 100, 1000, …등을 곱하여 계수를 정수로 고친 후 해를 구한다.

$$\begin{cases} 10 \times (0.2x - 0.1y) = 10 \times 0.4 \\ 10 \times (2.1x - 1.3y) = 10 \times 9.2 \end{cases} \Rightarrow \begin{cases} 2x - y = 4 & \cdots\cdots \ (1) \\ 21x - 13y = 92 & \cdots\cdots \ (2) \end{cases}$$

식 (1)에 −13을 곱하고 식 (2)에 더해주면 $-5x = 40$이 되어 $x = -8$이 되며 이를 식 (1)에 대입하면

$$2(-8) - y = 4 \Rightarrow -16 - y = 4 \Rightarrow y = -20$$

이 된다.

만일 연립방정식이 위에서와 같은 형태가 아닌 형태로 주어진 경우에는 주어진 방정식을 연립방정식의 형태로 표현하여 해를 구하면 된다. 예를 들어 방정식이 $2x + 3y = 3x - 2y = 3$와 같이 주어졌다면 이를 다음과 같이 연립방정식으로 표현하여 해를 구하면 된다.

$$\begin{cases} 2x + 3y = 3 \\ 3x - 2y = 3 \end{cases}$$

또한 분모에 미지수가 있는 연립방정식은 미지수의 역수를 다른 문자로 치환하여 해를 구한 다음 미지수의 값을 구하면 된다. 예를 들어 보면

$$\text{연립방정식} \begin{cases} \dfrac{1}{x} + \dfrac{1}{y} = 1 \\ \dfrac{1}{x} - \dfrac{1}{y} = 5 \end{cases}$$

의 해를 구하기 위하여 $\frac{1}{x} = A$로 놓고 $\frac{1}{y} = B$로 놓으면

$$\begin{cases} \dfrac{1}{x} + \dfrac{1}{y} = 1 \\ \dfrac{1}{x} - \dfrac{1}{y} = 5 \end{cases} \text{는 } \begin{cases} A + B = 1 \\ A - B = 5 \end{cases}$$

와 같이 쓸 수 있다. 이 연립방정식을 풀면 $A = 3$이 되고 $B = -2$가 된다. 따라서 $x = \dfrac{1}{A} = \dfrac{1}{3}$ 되고 $y = \dfrac{1}{B} = -\dfrac{1}{2}$이 된다.

예 제

4-19. 다음 연립방정식의 해를 구하시오.

(1) $6x + 2y = 4x + y = 4$

(2) $\begin{cases} 2\dfrac{1}{x} - \dfrac{1}{y} = 6 \\ \dfrac{1}{x} + 2\dfrac{1}{y} = 2 \end{cases}$

풀 이

(1) 주어진 방정식을 연립방정식으로 표현하면 다음과 같이 된다.

$$\begin{cases} 6x + 2y = 4 & \cdots\cdots\cdots\cdots\cdots (1) \\ 4x + y = 4 & \cdots\cdots\cdots\cdots\cdots (2) \end{cases}$$

미지수 y를 소거하기로 하고 y의 계수의 값이 같아지도록 식 (2)에 2를 곱한 다음, 식 (1)에서 빼면

$$\begin{array}{rl} & 6x + 2y = 4 \ \leftarrow (1) \\ - & 8x + 2y = 8 \ \leftarrow (2) \times 2 \\ \hline & -2x = -4 \end{array}$$

가 되며 $x = 2$이 된다. $x = 2$를 식 (2)에 대입하면 $4(2) + y = 4$이고 $y = -4$이 된다. 따라서 $x = 2$, $y = -4$이다.

(2) 주어진 연립방정식 $\begin{cases} 2\dfrac{1}{x}-\dfrac{1}{y}=6 \\ \dfrac{1}{x}+2\dfrac{1}{y}=2 \end{cases}$ 에서 $\dfrac{1}{x}=$ A로 놓고 $\dfrac{1}{y}=$ B로 놓으면

$$\begin{cases} 2\dfrac{1}{x}-\dfrac{1}{y}=6 \\ \dfrac{1}{x}+2\dfrac{1}{y}=2 \end{cases} \text{는} \begin{cases} 2\mathrm{A}-\mathrm{B}=6 & \cdots\ (1) \\ \mathrm{A}+2\mathrm{B}=2 & \cdots\ (2) \end{cases}$$

와 같이 쓸 수 있다. 이 연립방정식을 풀기 위하여 식 (1)에 2를 곱하여 식 (2)에 더하면

$$\begin{array}{rl} 4\mathrm{A}-2\mathrm{B}=12 & \leftarrow (1)\times 2 \\ -\quad \mathrm{A}+2\mathrm{B}=2 & \leftarrow (2) \\ \hline 5\mathrm{A}=14 & \end{array}$$

$\mathrm{A}=\dfrac{14}{5}$가 되고 $\mathrm{B}=-\dfrac{2}{5}$가 된다. 따라서 $x=\dfrac{1}{\mathrm{A}}=\dfrac{5}{14}$ 되고 $y=\dfrac{1}{\mathrm{B}}=-\dfrac{5}{2}$이 된다.

연립방정식의 특수한 경우로 연립방정식의 해가 무수히 많은 경우가 있다. 미지수가 x와 y인 연립방정식에서 두 방정식의 x계수, y계수, 상수항 중 어느 하나가 같아지도록 변형하였을 때 나머지도 모두 같아지면 이 연립방정식의 해가 무수히 많다. 예를 들어 연립방정식

$$\begin{cases} 2x+3y=2 \\ 4x+6y=4 \end{cases}$$

에서 x의 계수가 같아지도록 위 식의 양변에 2를 곱하면 $4x+6y=4$가 된다. 따라서 두 방정식은 서로 일치하므로 연립방정식의 해가 무수히 많게 된다.

또한 연립방정식의 해가 없는 경우도 있다. 미지수가 x와 y인 연립방정식에서 두 방정식의 x계수나 y계수 중 어느 하나가 같아지도록 변형하였을 때 두 방정식의 상수항이 같지 않으면 이 연립방정식의 해가 없다.

예를 들어 연립방정식 $\begin{cases} 3x+5y=-4 \\ 6x+10y=3 \end{cases}$에서 x의 계수가 같아지도록 위 식에 2를 곱하면 $6x+10y=-8$가 되어 아래 식과 x와 y의 계수가 같아지나 상수항은 같지 않다. 따라서 이 연립방정식의 해는 존재하지 않게 된다.

제 3 절 연립방정식의 활용

연립방정식의 활용 문제를 푸는 순서는 다음과 같다.

① 구하고자 하는 값을 x, y로 놓는다.
② x, y를 사용하여 문제의 뜻에 맞게 연립방정식을 세운다.
③ 연립방정식을 풀어 x, y의 값을 구한다.
④ 구한 x, y의 값이 문제의 뜻에 맞는지 확인한다.

구한 값이 문제의 조건에 맞는지 반드시 확인해야 한다. 예를 들어 나이, 횟수, 개수 등은 자연수이어야 한다.

예 제

4-20. 태홍이는 집에서 2Km가 떨어진 학교까지 가는 데 시속 4Km로 걸어가다가 시속 8Km로 뛰어갔더니 20분이 걸렸다. 걸어간 거리를 구하시오.

풀 이

걸어간 거리를 x라고 하고 뛰어간 거리를 y라고 하면 총 거리는 걸어간 거리 x와 뛰어간 거리 y의 합이 되어 $x+y=2$와 같은 식을 세울 수 있다. 또한 걸어간 시간은 $\frac{x}{4}$이며 뛰어간 시간은 $\frac{y}{8}$이므로 학교까지 가는 데 걸리는 시간은 $\frac{x}{4}+\frac{y}{8}$가 되어 $\frac{x}{4}+\frac{y}{8}=\frac{1}{3}$와 같은 식을 세울 수 있다. 따라서 걸어간 거리를 구하기 위한 연립방정식은

$$\begin{cases} x+y=2 \\ \frac{x}{4}+\frac{y}{8}=\frac{1}{3} \end{cases}$$

이고, 이것을 풀면 $x=\frac{2}{3}$, $y=\frac{4}{3}$이다. 따라서 걸어간 거리는 $\frac{2}{3}$Km이다.

예 제

4-21. 현재 아버지와 영섭이 나이의 합은 50살이고, 5년 후에 아버지의 나이는 영섭이 나이의 2배가 된다. 현재 아버지의 나이는 얼마인가?

풀 이

현재 아버지의 나이를 x라고 하고 영섭이의 나이를 y라고 하자. 그러면 5년 후의 아버지의 나이는 $(x+5)$이고 영섭이의 나이는 $(y+5)$가 된다. 이를 이용하여 연립방정식을 세우면

$$\begin{cases} x+y=50 \\ x+5=2(y+5) \end{cases}$$

이고, 이것을 풀면 $x=35$, $y=15$이다. 따라서 아버지의 나이는 35세이다.

4-22. 어느 투자자는 지난 해 두 종목의 주식 A와 B에 10억 원을 투자하였다. 올해 A 종목은 18% 상승하였고 B 종목은 2% 하락하였으나 전체적으로는 1억 원의 투자 이익을 얻었다. 작년에 B 종목에 투자한 금액은 얼마인가?

풀 이

A종목에 투자한 금액을 x라고 하고 B종목에 투자한 금액을 y라고 하자. 그러면 $x+y=10$(억 원)이고 A종목의 투자이익은 $0.18x$이고 B종목의 투자이익은 $-0.02y$이므로 이를 이용하여 연립방정식을 세우면

$$\begin{cases} x+y=10 \\ 0.18x-0.02y=1 \end{cases}$$

이고, 이것을 풀면 $x=6$, $y=4$이다. 따라서 작년에 B종목에 투자한 금액은 4억 원이다.

예 제

4-23. 주식회사 가나는 A와 B 두 상품을 10000원에 생산해서 각각 20%의 이익을 붙였으나 잘 팔리지 않아 A는 판매가격의 10%를 할인하고 B는 판매가격의 20%를 할인하여 팔았더니 500원의 이익을 얻었다. 각 제품의 생산원가를 구하시오.

풀 이

제품 A의 원가를 x라고 하고 제품 B의 원가를 y라고 하자. 그러면 $x+y=1000$이 되고 각 제품의 할인 판매가격은 $1.2x\times0.9$와 $1.2y\times0.8$이 된다. 이를 이용하여 연립방정식을 세우면

$$\begin{cases} x+y=10000 \\ 1.2x(0.9)+1.2y(0.8)-(x+y)=500 \end{cases}$$

이고, 이것을 풀면 $x=7500,\ y=2500$이다. 따라서 제품 A와 B의 원가는 각각 7500원과 2500원이다.

정가와 할인에 관한 힌트

① (정가) = (원가) + (이익)

② x원에 a%의 이익을 붙인 정가는 $(1+\frac{a}{100})x$(원)이다.

③ y원에서 b%를 할인한 가격은 $(1-\frac{b}{100})y$(원)이다.

예 제

4-24. 의자 한 개를 만드는데 작업시간 20분과 재료비 2000원이 소요되며 책상 하나를 만드는데 작업시간 30분과 재료비 1000원이 소요된다. 만일 작업시간이 600분, 재료비용이 40000원이 주어지면 몇 개의 의자와 책상을 만들 수 있는가?

풀 이

의자의 생산량을 x라 하고 책상의 생산량을 y라고 하자. 그러면 의자 x개와 책상 y개를 생산하는데 소요되는 시간과 비용은 각각 $(20x+30y)$와 $(2000x+1000y)$가 된다. 이를 이용하여 연립방정식을 세우면

$$\begin{cases} 20x+30y=600 \\ 2000x+1000y=40000 \end{cases}$$

이고, 이것을 풀면 $x=15,\ y=10$이다. 따라서 의자 15개와 책상 10개를 생산할 수 있다.

제 4 절 일차부등식

부등식의 개념과 성질

부등식이란 부등호(>, <, ≥, ≤)를 사용하여 수량 사이의 대소 관계를 나타낸 식을 말한다. 예를 들면 $x \leq 5$, $3x+2 > x-1$, $x+1 \geq 2$, $2-3x < 5-7x$등이 부등식이다. 부등식에서 부등호의 왼쪽 부분을 좌변, 오른쪽 부분을 우변이라고 하며 좌변과 우변을 통틀어 양변이라고 한다. 부등식 $2x-1 > 3x-5$에서 좌변은 $2x-1$이고 우변은 $3x-5$이며 양변은 $2x-1$과 $3x-5$가 된다.

부등식의 표현방법

① a는 b보다 작다.(a는 b미만) ⇨ $a < b$ 또는 $b > a$
② a는 b보다 크다.(a는 b초과) ⇨ $a > b$ 또는 $b < a$
③ a는 b보다 작거나 같다.(a는 b이하) ⇨ $a \leq b$ 또는 $b \geq a$
④ a는 b보다 크거나 같다.(a는 b이상) ⇨ $c \geq b$ 또는 $b \leq a$

부등식의 표현에서 다음과 같은 표현을 참고하기 바란다.

① $a \geq b$는 '$a > b$ 또는 $a = b$'의 뜻이다.
② (~보다 크지 않다.) = (~보다 작거나 같다.)
(~보다 작지 않다.) = (~보다 크거나 같다.)

예를 들면 'x는 3보다 작지 않다.'라는 표현은 '$x \geq 3$'와 같은 것이다.

부등식의 참과 거짓

부등식에서 미지수에 어떤 값을 대입했을 때, 좌변과 우변의 값의 대소 관계가 부등호의 방향과 일치할 때 이 부등식을 참이라 하고 부등호의 방향과 일치하지 않은 때 이 부등식은 거짓이라 한다.

$x+2<6$에 대하여 $x=3$일 때 $3+2<6$이므로 부등호의 방향과 일치하므로 $x=3$일 때 부등식은 참이라 하고 $x=7$일 때 $7+2<6$이므로 부등호의 방향과 일치하지 않으므로 $x=7$일 때 부등식은 거짓이 된다.

부등식의 해는 부등식을 참이 되게 하는 미지수의 값을 말하며 부등식의 해를 구하는 것을 '부등식을 푼다'라고 한다.

예 제

4-25. x가 집합 {0, 1, 2, 3}의 원소일 때 부등식 $2x+1<5$의 해를 구하시오.

풀 이

$x=0$일 때 $2\times0+1=1<5$이므로 이 부등식은 참이 되고, $x=1$일 때 $2\times1+1=3<5$이므로 이 부등식은 참이 된다. 그러나 $x=2$일 때 $2\times2+1=5<5$이므로 이 부등식은 거짓이 되고, $x=3$일 때 $2\times3+1=7<5$이므로 이 부등식은 거짓이 된다. 따라서 이 부등식의 해는 0과 1이 된다.

부등식의 해를 구할 때 여러 가지 부등식의 성질을 이용하면 편리하게 해를 구할 수 있다.

부등식의 성질

(1) 부등식의 양변에 같은 수를 더하거나 빼도 부등호의 방향은 바뀌지 않는다. 즉, 임의의 c에 대해, $a<b$이면 $a+c<b+c$이고 $a-c<b-c$이다.

(2) 부등식의 양변에 같은 양수를 곱하거나 나누어도 부등호의 방향은 바뀌지 않는다.

$a<b$이고 $c>0$이면 $ac<bc$이고 $\frac{a}{c}<\frac{b}{c}$이다.

(3) 부등식의 양변에 같은 음수를 곱하거나 나누면 부등호의 방향이 바뀐다. $a<b$이고 $c<0$이면 $ac>bc$이고 $\frac{a}{c}>\frac{b}{c}$이다.

예 제

4-26. $a < b$일 때, 다음 □안에 알맞은 부등호를 써넣어라.

(1) $a+7$ □ $b+7$　　　　(2) $a-5$ □ $b-5$

풀 이

부등식의 양변에 같은 수를 더하거나 빼어도 부등호의 방향은 바뀌지 않는다. 따라서 (1) $<$이고, (2) $<$이다.

4-27. $a < b$일 때, 다음 □안에 알맞은 부등호를 써넣어라.

(1) $a \times 3$ □ $b \times 3$　　　　(2) $a \div 5$ □ $b \div 5$

풀 이

부등식의 양변에 같은 수를 곱하거나 나누어도 부등호의 방향은 바뀌지 않는다. 따라서 (1) $<$이고, (2) $<$이다.

4-28. $a < b$일 때, 다음 □안에 알맞은 부등호를 써넣어라.

(1) $a \times (-3)$ □ $b \times (-3)$　　　　(2) $a \div (-5)$ □ $b \div (-5)$

풀 이

부등식의 양변에 같은 음수를 곱하거나 나누면 부등호의 방향이 바뀐다. 따라서 (1) $>$이고, (2) $>$이다.

위의 부등식의 성질은 $<$ 대신 $\leq$, $>$ 대신 $\geq$일 때도 성립한다.

일차부등식의 풀이

방정식과 마찬가지로 부등식의 한 변에 있는 항을 부호를 바꾸어 다른 변으로 옮기는 것을 이항이라 하고, 일반적으로 미지수 x를 포함하는 항은 좌변으로, 상수항은 우변으로 이항하여 푼다. 부등식 $x+7>2$에서 7을 좌변항에서 우변항으로 이항하면 7의 부호가 바뀌며 $x>2-7$와 같이 된다. 단, 부등호의 방향은 바뀌지 않는다.

부등식의 해를 수직선 위에 나타내는 방법은 부등식이 참인 x값의 범위를 수직선에 표시하면 된다. $x>a$인 경우 a에서 오른쪽으로 화살표를 그리고 $x<a$인 경우 a에서 왼쪽으로 화살표를 그린다. 그러나 부등호에 따라 경계점이 포함되거나 포함되지 않는 경우를 구분하여 표시하여야 한다. 이에 대한 몇 가지 예를 들면 아래와 같다.

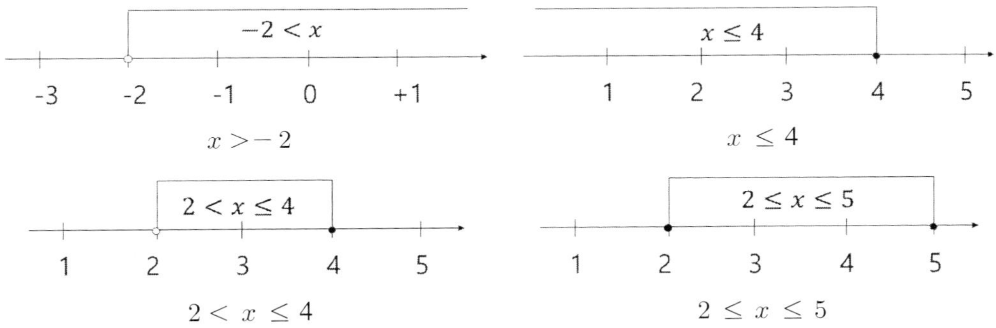

위의 그림에서 ●는 경계의 점이 포함되는 것을 표현하며 ○는 경계의 점이 포함되지 않는 것을 나타낸다.

부등식의 모든 항을 이항하여 정리한 식이 일차식인 부등식을 일차부등식이라고 한다. 일차부등식의 풀이 방법은 방정식의 풀이 방법과 동일하며 마지막 단계에서 x의 계수로 양변을 나누는 경우 계수가 음수이면 부등호의 방향은 바뀌는 점만 주의하면 된다.

예 제

4-29. 부등식 $3x < 12 - x$를 풀어라.

풀 이

$3x < 12 - x$에서 x는 좌변으로 상수항은 우변으로 이항하면 $3x + x < 12$가 되어 $4x < 12$가 되며 x의 계수로 양변을 나누면 $x < \frac{12}{4} = 3$이 된다.

부등식의 해는 방정식의 해와 달리 하나의 값이 아니라 구간으로 표현된다. 위의 예제를 보면 부등식 $3x < 12 - x$을 만족시키는 x값은 3보다 작은 모든 실수가 된다.

예 제

4-30. 부등식 $-5x + 5 < 25 - 3x$를 풀어라.

풀 이

$-5x + 5 < 25 - 3x$에서 x를 포함한 항은 좌변으로 상수항은 우변으로 이항하면 $-5x + 3x < 25 - 5$가 되어 $-2x < 20$가 되며 x의 계수 -2로 양변을 나누면 $x > \frac{20}{-2} = -10$이 된다. 여기서 x의 계수가 음수이어서 부등호의 방향이 바뀌었다.

일차부등식의 활용

일차부등식의 활용 문제 푸는 방법은 다음과 같은 순서를 따른다.

① 문제의 뜻을 파악하고 구하려는 것을 미지수 x로 놓는다.

② 문제의 뜻에 따라 부등식을 세운다.

③ 부등식을 풀어 해를 구한다.

④ 구한 해가 문제의 뜻에 맞는지 확인한다. (이때 x의 값의 범위에 주의한다.)

예 제

4-31. 현재 형은 3000원, 동생은 2500원이 예금되어 있다. 이번 달부터 매월 형은 500원씩, 동생은 200원씩 예금한다면 형의 예금액이 동생의 예금액의 2배 이상이 되는 때는 몇 개월 후 부터인지 구하여라.

풀 이

x개월 후부터 형의 예금액이 동생의 예금액의 2배 이상이 된다고 하면 x개월 후의 형의 예금액은 $(3000+500x)$원이고 동생의 예금액은 $(2500+200x)$원이 된다. 그런데 형의 예금액이 동생의 예금액의 2배 이상이 되어야 하므로 다음과 같이 부등식을 세울 수 있다.

$$3000+500x \geq 2(2500+200x)$$

$$\therefore\ x \geq 20$$

따라서 20개월 후부터 형의 예금액이 동생의 예금액의 2배 이상이 된다.

4-32. 신형자동차의 판매가격은 5000만원이고 생산하는데 소요된 비용은 고정비용 2000억 원과 대당 부품 및 공정비용 3600만원이라고 한다. 이익이 발생하기 위한 판매대수를 구하시오.

풀 이

x를 판매대수라고 하면 이익은 $5000x-(20000000+3600x)$이므로 이익이 발생하기 위한 판매대수는 $5000x-(20000000+3600x)>0$을 만족하는 x값이 된다. 이 부등식을 풀면

$$5000x-(20000000+3600x)>0 \Rightarrow 5000x-3600x>20000000$$

$$\Rightarrow 1400x>20000000 \Rightarrow x>\frac{20000000}{1400}=14285.7$$

가 되며 판매대수는 0을 포함한 자연수이어야 하므로 14,286대이다.

제 5 절 연립일차부등식

연립일차부등식의 풀이

두 개 이상의 일차 부등식을 한 쌍으로 묶어 놓은 것을 연립일차부등 또는 간단히 연립부등이라고 한다. 일차부등식 2개가 한 쌍인 경우를 고려하면 다음과 같다.

$$\begin{cases} 2x - 1 < x + 2 \\ 3x + 4 \geq -2 \end{cases}$$

연립부등식에서 모든 부등식을 동시에 만족하는 미지수의 값을 그 연립부등식의 해라고 하고, 연립부등식의 해를 구하는 것을 연립부등식을 푼다고 한다.

연립부등식의 해는 각 부등식의 해를 수직선 위에 나타내었을 때, 겹치는 공통부분이다. 각 일차부등식의 해를 집합으로 나타내면 연립브등식의 해는 해를 나타내는 집합들의 교집합(∩)이다. 계수가 분수나 소수이면 적당한 수를 곱하여 계수를 정수로 고쳐서 부등식의 해를 구한다.

연립부등식의 풀이 순서는 다음과 같다.

① 각각의 일차부등식을 푼다.

② 각 부등식의 해를 수직선 위에 나타낸다.

③ 모든 부등식을 동시에 만족하는 x 의 값의 범위를 구한다.

예 제

4-33. 연립부등식 $\begin{cases} 4x > 3x - 3 \\ x - 2 \leq -3 \end{cases}$ 을 풀어라.

풀 이

주어진 연립부등식을

$$\begin{cases} 4x > 3x - 3 & \cdots\ (1) \\ x - 2 \leq -3 & \cdots\ (2) \end{cases}$$

라 하자. 위의 (1)식을 풀면 $x > -3$이고 (2)식을 풀면 $x \leq -1$이므로 두 해를 그림으로 표현하면 다음과 같으며 겹치는 부분인 $-3 < x \leq -1$가 이 연립방정식의 해가 된다.

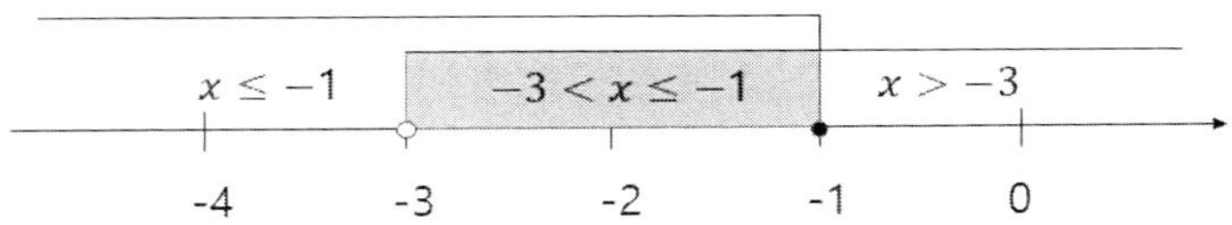

또는 두 해의 교집합을 구해보면 $-3 < x \leq -1$가 된다.

4-34. 연립부등식 $\begin{cases} x < 2x - 3 \\ 3x - 2 > x - 3 \end{cases}$ 을 풀어라.

풀 이

주어진 연립부등식을

$$\begin{cases} x < 2x - 3 & \cdots\ (1) \\ 3x - 2 > x - 3 & \cdots\ (2) \end{cases}$$

라 하자. (1)식을 풀면 $x > 3$이고 (2)식을 풀면 $x > -\frac{1}{2}$이므로 두 해의 교집합은 $x > 3$이다. 따라서 이 연립부등식의 해는 $x > 3$이다.

연립부등식을 풀기 위하여 각 일차부등식의 해를 수직선 위에 나타내었을 때 해가 없거나 해가 하나뿐인 경우도 있다.

예 제

4-35. 연립부등식 $\begin{cases} 4x < 3x - 3 \\ x - 2 > -3 \end{cases}$을 풀어라.

풀 이

주어진 연립부등식을

$$\begin{cases} 4x < 3x - 3 & \cdots (1) \\ x - 2 > -3 & \cdots (2) \end{cases}$$

라 하자. (1)식을 풀면 $x < -3$이고 (2)식을 풀면 $x > -1$이므로 두 해의 교집합은 존재하지 않는다. 따라서 이 연립부등식의 해는 존재하지 않는다.

연립일차부등식의 활용

연립부등식의 활용 문제 푸는 방법은 다음과 같다.

① 문제의 뜻을 파악하고 구하고자 하는 것을 미지수 x로 놓는다.
② x를 사용하여 문제의 뜻에 맞는 연립부등식을 세운다.
③ 이 연립부등식을 푼다.
④ 구한 x값이 문제의 뜻에 맞는지 확인한다.

예 제

4-36. 가로의 길이가 세로의 길이보다 50m 더 긴 직사각형 모양의 밭을 만들려고 한다. 둘레의 길이가 400m 이상 500m미만이 되도록 할 때, 세로의 길이의 범위를 구하여라.

풀 이

세로의 길이를 xm라고 하면 가로의 길이는 $(x+50)m$이다.
(직사각형의 둘레의 길이)$= 2\times\{($가로의 길이$)+($세로의 길이$)\}$이고, 둘레의 길이가 400m 이상 500m 미만이므로 다음과 같은 연립부등식을 세울 수 있다.

$$400 \le 2(x+x+50) < 500$$

이 식을 다시 쓰면

$$\begin{cases} 400 \le \\ 2(x+x+50) \\ 2(x+x+50) < 500 \end{cases}$$

와 같이 되고 여기에서 위의 부등식을 풀면 $x \ge 75$이고 아래의 부등식을 풀면 $x < 100$이 되므로 연립부등식의 해는 $75 \le x < 100$이 된다.
따라서 세로의 길이는 75m이상 100m미만으로 하여야 한다.

연 습 문 제

1. 다음 일차방정식의 해를 구하시오.

(1) $4x+3=2x+7$

(2) $\frac{3}{2}x+\frac{2}{3}=\frac{2}{3}x+4$

(3) $0.3x-0.6=-0.2x+0.9$

(4) $3(x+4)=4(x+2)$

2. x, y가 20보다 작은 자연수일 때, 다음 일차방정식의 해를 구하시오.

(1) $-2x+y=4$

(2) $x+3y=5$

(3) $2x+2y=3$

3. 중학교에서 올해의 남학생 수는 작년보다 10% 감소했고, 여학생 수는 작년보다 12% 증가했다. 작년의 전체 학생은 750명이고 올해는 작년보다 9명이 감소했다고 할 때, 올해의 여학생 수는?

4. 올해 A기업과 B기업의 매출액 차이는 32억이다. 매년 매출액이 1억씩 증가한다고 가정하였을 때, 3년 후에 A기업의 매출액이 B기업 매출액의 2배가 된다고 할 때, 올해 B기업의 매출액을 구하시오.

5. 원가에 20%의 이익을 붙여 정가를 정한 상품이 팔리지 않아 정가에서 300원을 할인하여 판매하였다. 상품 1개를 팔 때마다 700원의 이익을 얻었다면 원가는 얼마인가?

6. 주식회사 가나는 방향제를 수입하여 판매하는 회사이다. 이 회사는 방향제를 수입 원가에 20% 이익을 추가하여 판매한다. 지난해 방향제 10000개를 수입하여 판매한 결과 이익이 2억 원이 발생하였다. 이 제품의 개당 수입 원가는 얼마인가?

7. x, y가 10보다 작은 자연수일 때 $\begin{cases} x-y=4 \\ x+2y=7 \end{cases}$의 해를 구하시오.

8. 다음 연립방정식을 가감법으로 푸시오.

(1) $\begin{cases} x-2y=-4 \\ 2x+8y=6 \end{cases}$

(2) $\begin{cases} x=2y+3 \\ 2x+3y=-1 \end{cases}$

(3) $\begin{cases} -2x+y=2 \\ x-3y=3 \end{cases}$

9. $\begin{cases} ax+by=2 \\ bx-ay=4 \end{cases}$의 해가 $x=2$, $y=-1$일 때, a, b의 값을 각각 구하여라.

10. 두 자리 자연수가 있다. 십의 자리의 숫자와 일의 자리의 숫자의 합은 7이고 십의 자리와 일의 자리의 숫자를 바꾼 수는 처음 수의 2배보다 2만큼 크다고 한다. 처음 자연수를 구하시오.

11. 올해 어머니와 아들의 나이의 차는 27살이고, 12년 후 어머니의 나이는 아들의 나이의 2배가 된다고 한다. 올해 어머니의 나이를 구하시오.

12. 김투자씨는 어느 부동산에 투자하기 위하여 A은행 예금액의 15%, B은행 예금액의 20%를 인출하였더니 정확히 A은행과 B은행의 전체 예금액 500억 원의 18%이었다고 한다. 전체 예금액 중 A은행의 예금액은 얼마인지 구하시오.

13. 어느 투자자는 지난 해 주식 A와 B에 15억 원을 투자하였다. 올해 A 종목은 20% 상승하였고 B 종목은 30% 하락하였으나 전체적으로는 1억 원의 투자 이익을 얻었다. 작년에 A 종목에 투자한 금액은 얼마인가?

14. 주식회사 팔팔은 A와 B 두 지역의 부동산을 20억 원에 매입해서 각각 50%의 이익을 붙여 시장에 매물로 내놓았으나 잘 팔리지 않아 A지역의 부동산은 처음 제시한 가격에서 10%를 할인하고 B지역의 부동산은 20%를 할인하여 팔았더니 5억 원의 이익을 얻었다. A와 B지역의 부동산의 매입가격을 구하시오.

15. x가 집합 {2, 4, 6, 8}의 원소일 때 부등식 $2x+1<10$의 해를 구하시오.

16. $a < b$일 때, 다음 □안에 알맞은 부등호를 써넣어라.

(1) $a-7$ □ $b-7$ (2) $a+5$ □ $b+5$

(3) $a\times 2$ □ $b\times 2$ (4) $a\div(-3)$ □ $b\div(-3)$

(5) $a\times(-5)$ □ $b\times(-5)$ (6) $a\div(-1)$ □ $b\div(-1)$

17. 부등식 $5x > 18-x$를 풀어라.

18. 현재 형은 5000원, 동생은 2000원이 예금되어 있다. 이번 달부터 매월 형은 500원씩, 동생은 800원씩 예금한다면 동생의 예금액이 형의 예금액보다 많아지는 때는 몇 개월 후 부터인지 구하여라.

19. 기석이의 지난 석 달 동안의 휴대폰 요금은 18,000원, 21,000원, 22,000원이었다. 이번 달에 얼마 이하의 요금이 나와야 넉 달에 걸친 휴대폰 요금의 평균이 20,000원 이하가 되는지 구하시오.

20. 최대 용량이 1,000kg인 엘리베이터가 있다. 몸무게가 70kg인 사람 두 명이 80kg짜리 상자를 실어 나르려고 한다. 한 번에 실어 나를 수 있는 상자는 최대 몇 개인지 구하시오.

21. 대산전자는 건설용 제품을 생산하고 있다. 이 제품의 생산을 위한 고정비용은 2000만원이고 개당 비용은 20만원이다. 개당 판매가격을 40만원이라고 할 때 이익이 1000만원 이상 되려면 최소 몇 개 이상의 제품을 생산하여 판매하여야 하는가?

22. 다음 연립부등식을 풀어라

(1) $\begin{cases} 2x > x+3 \\ 2x-2 \le 3x-3 \end{cases}$ (2) $\begin{cases} 4x+2 < 3x-3 \\ 2x-2 > x-3 \end{cases}$ (3) $\begin{cases} 3x+2 < 2x-1 \\ 2x-5 \ge 3x-7 \end{cases}$

23. 원료 A는 한 단위 가격이 5000원이며 원료 B는 한 단위 가격이 6000원이라고 한다. 두 원료를 합쳐서 8단위를 사는데 총 비용이 47000원 이하가 되게 하려 한 다. 원료 A를 원료 B 이하로 살 때, 원료 A를 최대 몇 단위까지 살 수 있는지 구하여라.

24. 차동철 과장은 승용차를 타고 A도시를 출발하여 B드시로 출장을 가는 데 오후 2시에 출발하여 시속 100km로 달렸더니 오후 6시30분과 7시 사이에 도착하였다. A도시에서 B도시까지 도로의 길이의 범위를 구하여라. (단, 차동철 과장은 쉬지 않고 달렸다고 가정한다.)

Chapter 5

이차방정식

제 1 절 다항식의 인수분해

인수분해란 하나의 다항식을 두 개 이상의 다항식의 곱의 꼴로 나타내는 것을 말한다. 예를 들어 다항식 $x^2+7x+12$을 $(x+3)(x+4)$와 같은 일차식의 곱으로 나타내는 것이다. 다항식을 인수분해를 하였을 때 곱해진 각각의 식을 처음 다항식의 인수라고 한다. $x^2+7x+12=(x+3)(x+4)$에서 두 다항식 $x+3$과 $x+4$는 다항식 $x^2+7x+12$의 인수이다. 또한 $x^2+7x+12=1\times(x^2+7x+12)$이므로 1과 $x^2+7x+12$도 다항식 $x^2+7x+12$의 인수이다. 따라서 다항식 $x^2+7x+12$의 인수는 1, $x+3$, $x+4$, $x^2+7x+12$이다. 모든 다항식은 자기 자신의 인수가 된다.

인수분해 방법

인수분해를 하는 기본적인 방법은 우선 각 항들이 갖고 있는 공통인수를 찾는 것이다. 공통인수란 다항식의 각 항에 공통으로 들어 있는 인수를 의미하며 $(x+1)(x-2)$와 $(x+1)(x-3)$의 공통인수는 $(x+1)$이다. 인수분해의 방법은 항의 수에 따라 다음과 같은 몇 가지 유형이 있다.

공통인수가 있는 경우 공통인수로 묶어 내어 인수분해를 한다. 즉, 각 항의 공통인수를 찾아 괄호 밖으로 묶어 내어 (분배법칙을 이용) 인수분해를 한다. 예를 들어
$(x+1)(x-2)-(x+1)(x-3)$는 $(x+1)$이라는 공통인수를 이용하여
$(x+1)[(x-2)-(x-3)]=(x+1)(+1)=(x+1)$과 같이 인수분해를 할 수 있다.

예 제

5-1. 다음 다항식에서 공통인수를 찾고 이를 이용하여 인수분해를 하시오.

(1) $x^2y^3 - 2x^3y^2$ (2) $(x-2)x - y(x-2)$

풀 이

(1) $x^2y^3 - 2x^3y^2 = x^2y^2(y-2x)$

(2) $(x-2)x - y(x-2) = (x-2)(x-y)$

1) 2개의 항이 제곱의 차이 형태인 경우

2개의 항이 제곱의 차이 형태를 이루고 있는 경우 합·차 공식을 이용한다. 즉, $a^2 - b^2 = (a+b)(a-b)$이다.

예 제

5-2. 다음 다항식을 완전제곱식을 이용하여 인수분해를 하시오.

(1) $9a^2 - 4b^2$ (2) $x^4 - y^4$

(3) $2x^4 - 2x^2y^2$

풀 이

(1) $9a^2 - 4b^2 = (3a)^2 - (2b)^2 = (3a+2b)(3a-2b)$

(2) $x^4 - y^4 = (x^2)^2 - (y^2)^2 = (x^2+y^2)(x^2-y^2) = (x^2+y^2)(x+y)(x-y)$

(3) $2x^4 - 2x^2y^2 = 2x^2(x^2-y^2) = 2x^2(x+y)(x-y)$

2) 3개의 항일 때 인수분해 하는 방법

(1) 완전제곱식 이용

다항식의 제곱의 꼴로 된 식 또는 여기에 상수를 곱한 식을 완전제곱식이라고 한다. 예를 들면 $(x+2)^2$, $3(a-2b)^2$, $-2(x+3y)^2$ 등이다.

이차식을 $a^2+2ab+b^2$나 $a^2-2ab+b^2$와 같은 꼴로 표현할 수 있는 경우 이 식의 인수분해는 다음과 같다.

$$a^2+2ab+b^2=(a+b)^2,\ a^2-2ab+b^2=(a-b)^2$$

예 제

5-3. 다음 다항식을 완전제곱식을 이용하여 인수분해를 하시오.

(1) x^2+6x+9　　　　(2) $x^2-10x+25$

풀 이

(1) $x^2+6x+9=x^2+2\times x+3^3=(x+3)^2$

(2) $x^2-10x+25=x^2-2\times x+5^2=(x-5)^2$

(2) $x^2+(a+b)x+ab$와 같은 꼴의 인수분해

x^2의 계수가 1인 이차식을 $x^2+(a+b)x+ab$와 같은 꼴로 표현할 수 있는 경우 이 식의 인수분해는 다음과 같다.

$$x^2+(a+b)x+ab=(x+a)(x+b)$$

예제

5-4. x^2+7x-8을 인수분해하시오.

풀이

곱하여 -8이 되고 합하여 7이 되는 두 정수를 찾는다. 이 값은 -1과 8이므로 $x^2+7x-8=(x-1)(x+8)$가 된다.

(3) $acx^2+(ad+bc)x+bd$의 꼴의 인수분해

x^2의 계수가 1이 아닌 이차식을 $acx^2+(ad+bc)x+bd$와 같은 꼴로 표현할 수 있는 경우 이 식의 인수분해는 다음과 같다.

$$acx^2+(ad+bc)x+bd=(ax-b)(cx+d)$$

예제

5-5. $4x^2+14x-8$을 인수분해하시오.

풀이

$4x^2+14x-8=(2\times2)x^2+(2\times8-2\times1)x+(-1)\times8=(2x-1)(2x+8)$이 된다.

위의 예제에서 곱해서 4가 되는 두 수의 조합은 (1, 4)와 (2, 2)가 있으며 곱해서 –8인 되는 두 수의 조합은 (1, –8), (–1, 8), (2, –4), (–2, 4)가 있다. 그 중에서 (1, 4), (2, 2)와 (1, –8), (–1, 8), (2, –4), (–2, 4)중 각각 하나의 조합을 선택하여 교차하여 곱을 한 다음 더할 때 14가 나오는 조합은 (2, 2)와 (–1, 8)로서 $2\times(-1)+2\times8=14$이므로 이 두 조합을 선택하여 인수분해를 한다.

3) 4개의 항인 경우 인수분해

① 두 개의 항씩 짝을 지은 다음 공통인수를 찾아 인수분해를 한다.

② 완전제곱꼴을 찾아서 $A^2 - B^2$의 합·차 공식을 이용한다.

예 제

5-6. 다음 다항식을 인수분해하시오.

(1) $ab + a - b - 1$ (2) $x^2 + y^2 - 2xy - 1$

풀 이

(1) $ab + a - b - 1 = a(b+1) - (b+1) = (a-1)(b+1)$

(2) $x^2 + y^2 - 2xy - 1 = x^2 - 2xy + y^2 - 1 = (x-y)^2 - 1$
$= (x-y) + 1(x-y) - 1 = (x-y+1)(x-y-1)$

4) 공통(같은) 부분이 있을 때 인수분해 하는 방법

공통(같은)부분을 한 문자로 치환한 후 인수분해 공식을 이용한다.

예 제

5-7. 다음 다항식을 인수분해하시오.

(1) $(x-y)(x-y+2) - 15$ (2) $6(x+y)^2 + 7(x+y) - 3$

풀 이

(1) 공통부분 $x - y = \mathrm{A}$로 치환하면

(주어진 식) $= \mathrm{A}(\mathrm{A}+2) - 15 = \mathrm{A}^2 + 2\mathrm{A} - 15$
$= (\mathrm{A}+5)(\mathrm{A}-3) = (x-y+5)(x-y-3)$

(2) 공통부분 $x + y = A$로 치환하면

(주어진 식) $= 6\mathrm{A}^2 + 7\mathrm{A} - 3 = (2\mathrm{A}+3)(3\mathrm{A}-1)$
$= 2(x+y) + 33(x+y) - 1 = (2x+2y+3)(3x+3y-1)$

5) 기타 복잡한 식의 인수분해

위에서 설명한 형태 외에도 다양한 형태의 식이 주어질 수 있으며 이 식들의 인수분해는 식의 형태를 살펴보고 적당한 방법을 이용하여 인수분해를 한다. 인수분해를 위한 적당한 방법을 찾는 능력은 많은 문제를 풀어보아야 축적될 수 있다.

예제

5-8. $(x+1)(x+2)(x-3)(x-4)+6$을 인수분해하시오.

풀이

먼저 두 개씩 짝을 지으면

$$\begin{aligned}(\text{주어진 식}) &= \{(x+1)(x-3)\}\{(x+2)(x-4)\}+6 \\ &= (x^2-2x-3)(x^2-2x-8)+6\end{aligned}$$

공통부분 $x^2-2x=\text{A}$로 치환하면

$$\begin{aligned}(\text{주어진 식}) &= (\text{A}-3)(\text{A}-8)+6 = (\text{A}-6)(\text{A}-5) \\ &= (x^2-2x-6)(x^2-2x-5)\end{aligned}$$

5-9. $x^2-y^2+6x+2y+8$을 인수분해하시오.

풀이

$$x^2-y^2+6x+2y+8 = x^2+6x-y^2+2y+8 = x^2+6x-(y^2-2y-8)$$
$$= x^2+6x-(y-4)(y+2) = (x-y+4)(x+y+2)$$

5-10. $x=4-2\sqrt{3}$, $y=\sqrt{3}-1$일 때 $x^2+4xy+4y^2$의 값을 구하여라.

풀이

$$x^2+4xy+4y^2 = (x+2y)^2 = \left(4-2\sqrt{3}+2(\sqrt{3}-1)\right)^2 = 2^2 = 4$$

제 2 절 이차방정식의 풀이

이차방정식의 개요

이차방정식은 다음과 같이 정의할 수 있다.

> a, b, c는 상수이고 $a \neq 0$일 때 $ax^2 + bx + c = 0$을 이차방정식이라 한다.

주어진 등식의 우변에 있는 모든 항을 좌변으로 이항하여 정리하였을 때 $ax^2 + bx + c = 0$의 꼴로 변형되는 방정식을 x에 관한 이차방정식이라고 한다. 예를 들어 방정식 $x(2x-1) = x^2 + 6$은 모든 항을 좌변으로 이항하여 정리하면 $x^2 - x - 6 = 0$이 되므로 이차방정식이다. 그러나 방정식 $3x^2 - x + 2 = 1 + 3x^2$은 모든 항을 좌변으로 이항하여 정리하면 $-x + 1 = 0$이 되므로 이차방정식이 아니다.

이차방정식 $ax^2 + bx + c = 0(a \neq 0)$이 주어졌을 때 $ax^2 + bx + c$가 0이 되게 하는 x의 값을 이차방정식의 해 또는 근이라 한다. 이차방정식의 근의 개수는 일반적으로 2개이다.

이차방정식 $x^2 + x = 0$에 $x = -1, 0, 1$을 대입해 보면 $x = -1$일 때, $(-1)^2 + (-1) = 0$, $x = 0$일 때, $0^2 + 0 = 0$, $x = 1$일 때, $1^2 + 1 = 2 \neq 0$가 된다. 여기서 주어진 이차방정식을 만족시키는 x의 값은 –1과 0이다. 따라서 이차방정식 $x^2 + x = 0$의 해는 $x = -1$ 또는 $x = 0$이다. 이와 같이 이차방정식의 해를 모두 구하는 것을 이차방정식을 푼다고 한다.

인수분해를 이용한 이차방정식의 풀이

두 수 A, B에 대하여 $AB=0$이면 $A=0$ 또는 $B=0$가 된다. 예를 들면 $(x+2)(x-5)=0$이면 $x+2=0$ 또는 $x-5=0$가 된다. 따라서 $x=-2$ 또는 $x=5$이다.

인수분해를 이용한 이차방정식의 풀이방법은 다음과 같다.

① 주어진 이차방정식을 인수분해 한다.

② $(ax-b)(cx-d)=0$이면 $ax-b=0$ 또는 $cx-d=0$

$\therefore\ x=\dfrac{b}{a}$ 또는 $x=\dfrac{d}{c}$

예 제

5-11. 이차방정식 $2x^2+5x-3=0$을 푸시오.

풀 이

이차방정식의 좌변을 인수분해하면 $(2x-1)(x+3)=0$이므로

$2x-1=0$ 또는 $x+3=0$이다. 따라서 $x=\dfrac{1}{2}$ 또는 $x=-3$이다.

이차방정식의 두 근이 중복되어 서로 같을 때, 이 근을 중근이라고 한다. 이차방정식이 중근을 가질 조건은 이차방정식의 우변항을 완전제곱식 형태로 표현할 수 있어야 한다. $x^2-4x+4=0$에서 $(x-2)(x-2)=(x-2)^2=0$ 이다. 따라서 $x=2$가 된다.

예 제

5-12. 이차방정식 $2x^2+12x+18=0$을 푸시오.

풀 이

이차방정식의 좌변을 인수분해하면

$$2x^2+12x+18=2(x^2+2\times 3x+3^2)=2(x+3)^2$$

이므로 $2(x+3)^2=0$가 된다. 따라서 $x+3=0$이고 $x=-3$가 된다.

완전제곱식을 이용하는 경우 다음과 같은 몇 가지 특수한 경우가 있다.

(1) $ax^2 = b$의 꼴 (단, $a \neq 0$, $ab \geq 0$)

일차항이 없는 꼴은 $x^2 = \frac{b}{a}$가 되어 $x = \pm\sqrt{\frac{b}{a}}$가 된다. 여기서 a 또는 b가 음수인 경우에는 해가 없게 된다.

(2) $(x+a)^2 = b$의 꼴 (단, $b \geq 0$)

$x + a = \pm\sqrt{b}$가 되어 $x = -a \pm \sqrt{b}$가 된다.

예 제

5-13. 다음 이차방정식의 해를 구하시오.

(1) $-2x^2 + 8 = 0$ (2) $x^2 - 6x + 4 = 0$

풀 이

(1) $-2x^2 + 8 = 0$에서 $x^2 = 4$가 되어 $x = \pm 2$가 된다.

(2) $x^2 - 6x + 4 = 0$

$\Rightarrow x^2 - 2 \times 3x = -4$

$\Rightarrow x^2 - 2 \times 3x + 3^2 = -4 + 3^2$

$\Rightarrow (x-3)^2 = 5$

$\Rightarrow x - 3 = \pm\sqrt{5}$

따라서 $x = 3 + \sqrt{5}$ 또는 $x = 3 - \sqrt{5}$가 된다

근의 공식을 이용한 이차방정식의 풀이

이차방정식의 근의 공식 ①

이차방정식 $ax^2 + bx + c = 0 (a \neq 0)$의 해를 구하기 위한 근의 공식은 다음과 같다.

$$x = \frac{-b \pm \sqrt{b^2 - 4ac}}{2a} \text{(단, } b^2 - 4ac \geq 0\text{)}$$

예 제

5-14. 이차방정식 $x^2+5x-3=0$을 근의 공식을 이용하여 푸시오.

풀 이

$a=1,\ b=5,\ c=-3$이므로 근의 공식에 대입하면

$x=\dfrac{-5\pm\sqrt{5^2-4\times1\times(-3)}}{2\times1}=\dfrac{-5\pm\sqrt{37}}{2}$가 된다.

일차항의 계수, $b=2b'$, 가 짝수인 경우 이차방정식의 근의 공식2를 이용한다. 이차방정식 $ax^2+bx+c=ax^2+2b'x+c=0(a\neq0)$의 해는 다음과 같다.

이차방정식의 근의 공식 ②

이차방정식 $ax^2+2b'x+c=0(a\neq0)$의 해를 구하기 위한 근의 공식은 다음과 같다.

$$x=\frac{-b'\pm\sqrt{(b')^2-ac}}{a}\ (\text{단}, (b')^2-ac\geq0)$$

예 제

5-15. 이차방정식 $2x^2-4x-5=0$을 푸시오.

풀 이

일차항의 계수가 짝수이므로 근의 공식2를 이용한다.

$a=2,\ b'=-2\ (\because\ 2b'=-4),\ c=-5$이므로 짝수공식에 대입하면

$$x=\frac{-(-2)\pm\sqrt{(-2)^2-2\times(-5)}}{2}=\frac{2\pm\sqrt{14}}{2}\text{가 된다.}$$

예 제

5-16. 이차방정식 $0.3x^2+0.4x-0.1=0$을 푸시오.

풀 이

주어진 방정식의 양변에 10을 곱하면 $3x^2+4x-1=0$가 된다. 일차항의 계수가 짝수이므로 근의 공식2를 이용한다.

$$x=\frac{-2\pm\sqrt{2^2-3\times(-1)}}{3}=\frac{-2\pm\sqrt{7}}{3}$$

일반적으로 이차방정식을 풀 때는 인수분해가 가능하면 인수분해를 이용하여 근을 구하고 인수분해가 안 될 때는 근의 공식을 이용하여 근을 구한다.

이차방정식의 판별식

이차방정식 $ax^2+bx+c=0(a\neq 0)$의 근의 개수는 근의 공식 $x=\frac{-b\pm\sqrt{b^2-4ac}}{2a}$에서 b^2-4ac의 부호에 의해 결정된다.

① $b^2-4ac>0$ 이면 서로 다른 두 근을 갖는다. 즉, 근이 2개가 된다.
② $b^2-4ac=0$이면 한 개의 근을 갖는다. (중근)
③ $b^2-4ac<0$이면 근이 없다.

따라서 b^2-4ac를 판별식이라고 하며 영문자 D로 나타낸다. 즉, $D=b^2-4ac$이다. x의 계수가 짝수인 이차방정식 $ax^2+2b'x+c=0(a\neq 0)$에서 근의 개수를 판별할 때는 b^2-4ac 대신 b'^2-ac를 사용하면 간편하다.

예 제

5-17. 이차방정식 $2x^2-3x+1=0$의 근의 개수는 몇 개인지 판정하시오.

풀 이

이차방정식 $2x^2-3x+1=0$에서 $a=2,\ b-3,\ c=1$이므로

$$b^2-4ac=(-3)^2-4\times2\times1=1>0$$

이며 서로 다른 두 근을 갖는다. 따라서 근의 개수는 2개이다.

근과 계수의 관계

이차방정식의 근과 계수의 관계는 다음과 같다.

이차방정식 $ax^2+bx+c=0(a\neq0)$의 두 근을 α, β라고 할 때

(1) 두 근의 합은 $\alpha+\beta=-\dfrac{b}{a}$이며

(2) 두 근의 곱은 $\alpha\beta=\dfrac{c}{a}$이다.

예 제

5-18. 이차방정식 $3x^2-6x+1=0$의 두 근을 α, β라고 할 때 $\alpha+\beta$, $\alpha\beta$의 값을 각각 구하시오.

풀 이

$a=3,\ b=-6,\ c=1$이므로 $\alpha+\beta=-\dfrac{b}{a}=-\dfrac{-6}{3}=2,\ \alpha\beta=\dfrac{c}{a}=\dfrac{1}{3}$가 된다.

두 근이 주어졌을 때 이차방정식을 구하는 방법은 다음과 같다.

① 두 근이 α, β이고 x^2의 계수가 1인 이차방정식은 $(x-\alpha)(x-\beta)=0$이므로 $(x-\alpha)(x-\beta)$를 전개하면 $x^2-(\alpha+\beta)x+\alpha\beta=0$이 된다.

② 두 근이 α, β이고 x^2의 계수가 a인 이차방정식은 $a(x-\alpha)(x-\beta)=0$이므로 $a(x-\alpha)(x-\beta)$를 전개하면 $ax^2-a(\alpha+\beta)x+a\alpha\beta=0$이 된다.

③ 중근이 α이고 x^2의 계수가 a인 이차방정식은 $a(x-\alpha)^2=0$이므로 $a(x-\alpha)^2$을 전개하면 $ax^2-2a\alpha x+a\alpha^2=0$이 된다.

예 제

5-19. 두 근이 -2, 1이고 x^2의 계수가 2인 이차방정식을 구하시오.

풀 이

$2(x+2)(x-1)=0$에서 $2(x^2+x-2)=0$이므로 $2x^2+2x-4=0$가 된다.

제 3 절 이차방정식의 활용

이차방정식의 활용

이차방정식의 활용하여 문제를 푸는 절차는 다음과 같다.

① 문제 파악하기 : 문제의 뜻을 알맞은 수량관계를 파악한다.

② 방정식 세우기 : 구하고자하는 것을 미지수 x로 놓고 방정식을 세운다.

③ 방정식 풀기 : 방정식을 풀어서 해를 구한다.

④ 답 구하기 : 구한 해 중에서 문제의 뜻에 맞는 것만을 답을 택한다.

예 제

5-20. 직사각형인 어느 토지의 가로 길이는 세로의 길이 보다 10m가 길다고 한다. 이 대지의 면적이 3000m^2이라면 가로의 길이와 세로의 길이는 얼마가 되는가?

풀 이

이 토지의 세로 길이를 x라고 하면 가로의 길이는 $(x+10)$이며 면적은 $x(x+10)$이 된다. 따라서 $x(x+10)=3000 \Rightarrow x^2+x-3000=0 \Rightarrow (x+60)(x-50)=0$이므로 $x=-60$ 또는 $x=50$이 된다. 그런데 x는 음수가 될 수 없으므로 $x=50$이 된다. 따라서 세로의 길이는 50m이고 가로의 길이는 60m가 된다.

5-21. 노트북 컴퓨터의 공급량은 p^2-16이며 수요량은 $104-2p$라고 알려져 있다. 공급량과 수요량이 일치하는 노트북 컴퓨터의 가격은 얼마인가? 단, p(십만 원)는 가격이며 $p \geq 0$이다.

풀 이

$p^2-16=104-2p \Rightarrow p^2+2p-120=0 \Rightarrow (p+12)(p-10)=0$이므로 또는 $p=-12$가 된다. 그런데 $p \geq 0$이므로 $p=10$이 되며 노트북 컴퓨터의 가격은 100만원이 된다.

예 제

5-22. 한밭전자는 게임기에 들어가는 칩을 생산하여 판매하고 있다. 이 회사의 일주일간 수입을 판매량(Q)의 함수로 나타내면 $60Q - \frac{Q^2}{50}$(만원)인 것으로 알려져 있다. 어느 주의 수입을 보니 45,000(만원)이었다면 판매량은 얼마인가?

풀 이

일주일간 수입은 $60\mathbf{Q} - \frac{\mathbf{Q}^2}{50}$(만원)이며 이 값이 45,000(만원)이므로 다음과 같은 방정식을 세울 수 있다.

$$60\mathbf{Q} - \frac{\mathbf{Q}^2}{50} = 45000 \Rightarrow -\frac{1}{50}(\mathbf{Q}^2 - 3000\mathbf{Q}) = 45000$$

$$\Rightarrow -\frac{1}{50}(\mathbf{Q}^2 - 2 \times 1500\mathbf{Q} + 1500^2 - 1500^2) = 45000 \Rightarrow -\frac{1}{50}(\mathbf{Q} - 1500)^2 = 0$$

이므로 $\mathbf{Q} = 1500$이 된다. 따라서 판매량은 1500이다.

5-23. A씨는 10억 원을 연리 x%의 정기예금에 2년 동안 예금하였더니 2년 뒤의 원리합계가 15억이었다. 연 이자율은 얼마인가? 단, 이자는 복리계산을 한다. (힌트 : 원금이 a원이고 연 이자율이 x%인 정기 예금의 n년 뒤의 원리합계는 $a(1 + \frac{x}{100})^n$이다.)

풀 이

원금은 10억 원이고 연 이자율이 x%인 정기예금의 2년 뒤 원리합계는

$10(1 + \frac{x}{100})^2$(억 원)이므로

$$10(1 + \frac{x}{100})^2 = 15 \Rightarrow (1 + \frac{x}{100})^2 = 1.5 \Rightarrow 1 + \frac{x}{100} = \pm\sqrt{1.5}$$

$$\Rightarrow \frac{x}{100} = \pm 1.225 - 1 \Rightarrow x = 22.5\% \text{ 또는 } x = -222.5\%$$

따라서 연 이자율은 22.5%이다.

연습문제

1. 다음 다항식에서 공통인수를 찾고 이를 이용하여 인수분해를 하시오.

(1) $x^4 - x^2y^2$ (2) $x(x-2)-2(x-2)$

(3) $y(3x+1)-y(2x-1)$

2. 다음 다항식을 완전제곱식을 이용하여 인수분해하시오.

(1) $x^2 - 8x + 16$ (2) $x^2 + 16x + 64$

(3) $2x^2 + 8x + 8$

3. 다음 다항식을 인수분해하시오.

(1) $x^2 + 5x - 6$ (2) $2x^2 + 7x - 4$

(3) $ab - a - b + 1$ (4) $x^2 + y^2 + 2xy - 1$

(5) $(x+y)(x+y+2)-24$ (6) $2(x-y)^2 + 3(x-y) - 5$

4. 다음 다항식을 인수분해하시오.

(1) $(x-1)(x-2)(x-3)(x-4)-8$

(2) $x^2-y^2+x+3y-2$

5. $x=2+\sqrt{3}$, $y=\sqrt{3}-2$일 때 $2x^2-4xy+2y^2$의 값을 구하시오.

6. 다음 이차방정식의 해를 구하시오.

(1) $3x^2-4x-4=0$

(2) $x^2+5x-4=0$ (근의 공식 이용)

(3) $2x^2-3x-5=0$

(4) $0.3x^2-0.1x-0.4=0$

7. 이차방정식 $5x^2-8x+3=0$의 두 근을 α, β라고 할 때 $\alpha+\beta$, $\alpha\beta$의 값을 각각 구하시오.

8. 두 근이 2, −3이고 x^2의 계수가 1인 이차방정식을 구하시오.

9. 김철수씨는 5억 원에 아파트를 사서 x%의 이윤을 남기고 전미라씨에게 팔았다. 또한 전미라씨는 이 아파트를 x%의 이윤을 남기고 박미달씨에게 팔았다. 박미달씨의 구매가격이 김철수씨가 구매한 가격보다 2억 원 높다면 x의 값은 얼마인가?

10. 어느 출판사의 수입은 수요량 x에 의존하여 $10x - 3x^2$인 것으로 알려져 있다. 또한 비용은 $-12 + 2x + x^2$으로 보고 있다. 출판사의 수입과 비용이 일치하는 수요량은 얼마인가? 단, $x \geq 0$이다.

11. 한밭상사는 공작용 모형을 생산하여 판매하고 있다. 이 회사의 한 달 간 수입을 판매량(Q)의 함수로 나타내면 $40Q - \frac{Q^2}{20}$(만원)인 것으로 알려져 있다. 어느 달의 수입을 보니 8,000(만원)이었다면 판매량은 얼마인가?

12. 모양이 삼각형인 어느 토지의 밑변 길이는 높이의 길이 보다 5m가 길다고 한다. 이 대지의 면적이 250m^2이라면 밑변 길이와 높이의 길이는 얼마가 되는가? 단, 삼각형의 면적은 $\frac{\text{밑변} \times \text{높이}}{2}$이다.

13. 어떤 제품의 공급량은 $p^2 - 8p + 26$이며 수요량은 $90 - 4p$라고 알려져 있다. 공급량과 수요량이 일치하는 이 제품의 가격은 얼마인가? 단, p(십만 원)는 가격이며 $p \geq 0$이다.

Chapter 6

함수

제 1 절 함수의 개념

함수는 현실에서 발생하는 다양한 현상을 모형화하는데 중요한 도구로 사용된다. 특히, 기업 경영에서 제품의 원가는 고정비와 변동비로 구성되는데 제품의 원가와 생산량의 관계를 표현할 수 있는 것이 함수이다.

두 집합 X와 Y에 대하여 X의 각 원소에 대하여 Y의 원소를 짝지어 주는 것을 X에서 Y로의 대응이라고 한다. 다음 그림은 나라 이름을 나타내는 집합 X와 각 나라의 수도를 나타내는 집합 Y를 대응시킨 예이다.

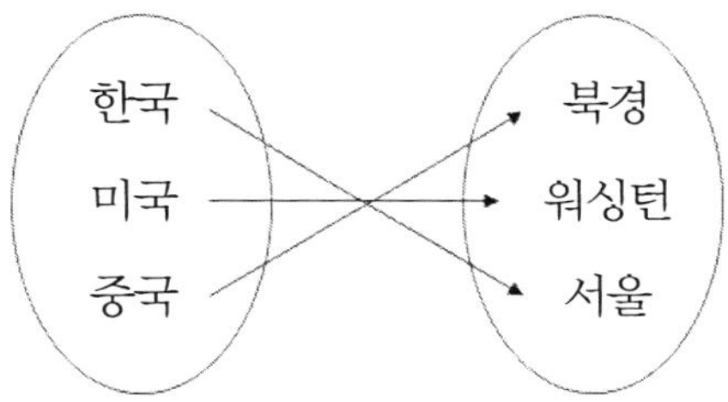

함수의 정의

두 집합 X와 Y에 대하여 X의 각 원소 x에 대해 Y의 원소 y가 오직 하나씩 대응하는 관계를 X에서 Y로의 함수라 하고 f : X → Y로 나타낸다. 여기서 집합 X는 함수 f의 정의역이라 하며 집합 Y를 함수 f의 공역(codomain)이라 한다. 정의역은 영어로 도메인(domain)이라고도 한다.

함수 f의 정의역 X에 속하는 임의의 원소 x에 대해 대응되는 집합 Y의 원소 $f(x)$를 f의 x에 대한 함숫값이라 한다. 또한 모든 함숫값의 집합 $\{f(x) | x$는 X의 원소$\}$를 이 함수의 치역이라 한다. 따라서 치역은 공역의 부분집합이다.

두 집합 X와 Y에 대해 함수관계가 성립되는 X와 Y의 대응관계는 다음 <그림 6-1>과 같다. (가)에서 정의역은 {1, 2, 3, 4}이며 공역은 {a, b, c, d}이고 치역은 {a, b, c, d}로서 공역과 치역이 일치한다. (나)에서 정의역은 {1, 2, 3}이며 공역은 {a, b, c, d}인 반면 치역은 {a, b, c}로서 공역과 치역이 일치하지 않는다. 또한 (다)에서의 정의역은 {1, 2, 3, 4}이며 공역은 {a, b, c, d}인 반면 치역은 {a, c, d}로서 공역과 치역이 일치하지 않는다. 공역 Y의 원소 중 a는 정의역의 원소 1과 2에 대응함에 주목하기 바란다. 즉, 정의역에 있는 하나의 원소가 공역의 두 원소와 대응관계에 있으면 함수관계가 성립되지 않지만, 정의역에 있는 두 개의 원소가 공역의 하나의 원소와 대응관계에 있으면 함수관계가 성립된다.

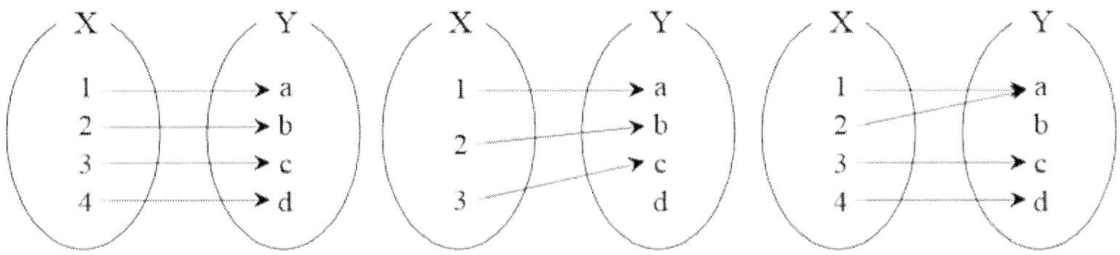

(가) (나) (다)

〈그림 6-1〉 함수관계가 성립되는 대응관계

예 제

6-1. 다음 그림과 같은 대응관계가 함수가 아닌 이유를 설명하시오.

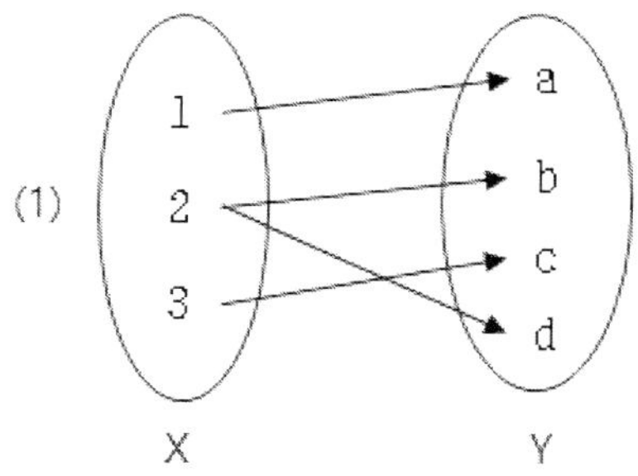

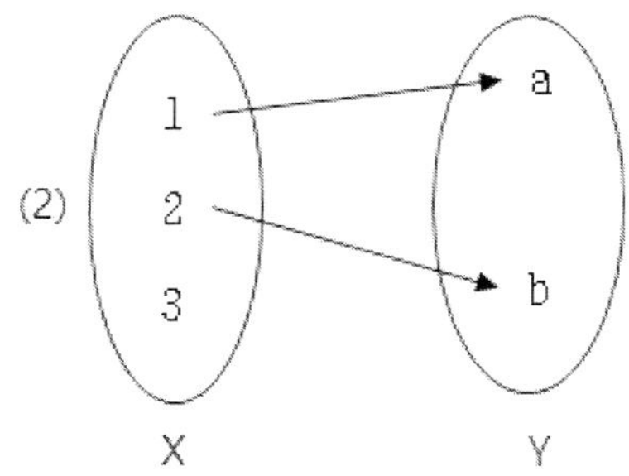

풀 이

(1) 정의역 X의 원소인 2에 대해 공역 Y의 두 원소 b와 d가 대응하고 있으므로 함수가 될 수 없다.

(2) 정의역 X의 원소인 3에 대해 대응되는 공역 Y의 두 원소가 없으므로 함수가 될 수 없다.

함수 $f : X \rightarrow Y$에서 정의역 X와 공역 Y가 분명할 경우는 $f : X \rightarrow Y$를 생략하고 $y = f(x)$로 나타낸다.

일대일 함수와 일 대 일 대응

함수 $f : X \rightarrow Y$에서 만일 정의역 X의 서로 다른 원소에 대해 Y의 서로 다른 원소가 대응되는 경우 이 함수를 1 대 1 함수라고 한다. 즉, X의 임의의 원소 x_1, x_2에 대해 $x_1 \neq x_2$이면 $f(x_1) \neq f(x_2)$가 성립하면 이 함수 f를 1 대 1 함수라고 한다.

또한 함수 $f : X \rightarrow Y$에서 함수 f가 1 대 1 함수이고 치역과 공역이 같으면 이 함수 f를 1 대 1 대응이라고 한다.

예 제

6-2. 다음과 같이 도시된 함수가 1 대 1 함수인지 또는 1 대 1 대응인지 결정하시오.

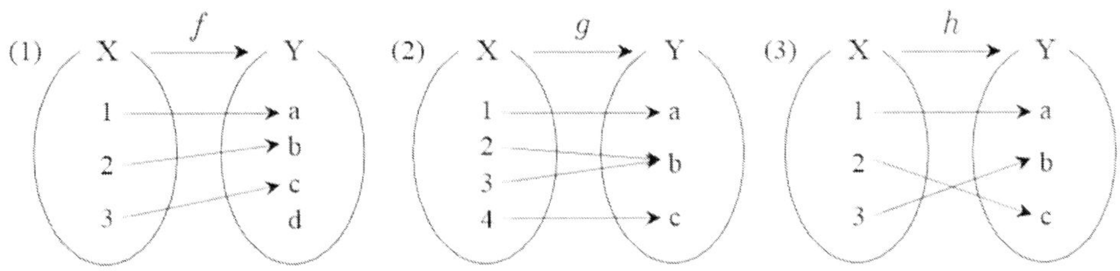

풀 이

(1) 집합 Y의 각 원소에 집합 X의 원소가 1개씩 대응하고 있어 위에서 설명한 첫 번째 조건을 만족한다. 따라서 함수 f는 1 대 1 함수이다. 그러나 치역과 공역이 같지 않으므로 즉, 집합 Y의 원소에 d에 대응하는 집합 X의 원소가 없으므로 일대일 대응이 아니다.
(2) 집합 Y의 원소 b에 대응하는 집합 X의 원소가 2, 3으로 2개가 있어서 1 대 1 함수가 아니므로 일대일 대응이 아니다.
(3) 치역과 공역이 같고 집합 Y의 각 원소에 집합 X의 원소가 1개씩 대응해서 1 대 1 대응이다.

상수함수

만일 함수의 치역이 단 하나의 값인 경우 이런 함수를 상수함수라고 한다. 즉, 함수 $f: \mathrm{X} \rightarrow \mathrm{Y}$에서 X의 모든 원소가 Y의 오직 한 개의 원소에만 대응하는 함수가 상수함수가 된다. 따라서 상수함수의 치역은 하나의 원소로만 이루어진 집합이다. 상수함수는 $f(x) = c$와 같이 표기된다. 여기서 c는 상수를 나타내는 기호이다. 예를 들면 $f(x) = 3$은 상수함수이다.

제 2 절 일차함수와 그래프

일차함수와 그래프

일차함수란 함수 $y=f(x)$에서 y가 x의 일차식 $y=ax+b$ (a, b는 상수, $a\neq 0$)일 때 이 함수를 일차함수라고 한다. 일차함수에서 정의역이나 공역에 대하여 특별한 말이 없을 때는 실수 전체의 집합으로 생각한다. 또한 일차함수를 표현하는 방법은 $y=ax+b$ 또는 $f(x)=ax+b$를 사용한다. 예를 들어 $y=3x-1$과 $f(x)=3x-1$은 같은 함수이다. 여기서 a는 직선의 기울기를 나타낸다. a의 값의 의미는 x값이 1단위 증가할 때 y값의 변화를 나타낸다. b는 절편이라고 하며 $y=ax+b$의 그래프가 y축을 지나는 점을 의미한다. $y=3x-1$에서 기울기는 3이며 절편은 –1이 된다.

함수 $y=f(x)$에서 $x=a$일 때의 y의 값을 함숫값 이라고 하고 $f(a)$로 나타낸다. 예를 들어 함수 $y=3x-1$에 대하여 $x=2$일 때의 함숫값은 x에 2를 대입하여 $f(2)=3\times 2-1=5$가 된다.

예 제

6-3. 다음 주어진 함수가 일차함수인지 결정하시오.

(1) $y=2x$ (2) $y=-3$ (3) $y=x^2+2$

(4) $y=-x$ (5) $y=\dfrac{5}{x}$ (6) $y=\dfrac{2}{3}x-1$

풀 이

(1), (4), (6)은 일차함수이다.

1) 일차함수 $y = ax(a \neq 0)$ 의 그래프

일차함수 $y = ax$는 절편이 0인 일차함수이다. 이 함수는 다음과 같은 상황을 모형화하는 데 유용하게 사용된다. 시급이 8000원인 직원의 월 급여(y ; 원)는 $y = 8000x$와 같이 표현할 수 있다. 여기서 x는 한 달 동안 근무한 시간이다.

일차함수 $y = ax$는 절편이 0인 것과 마찬가지이므로 이 함수의 그래프는 원점을 지나는 직선이다. $a > 0$이면 왼쪽 하단에서 오른쪽 상단으로 증가하는 직선으로 <그림 6–2>의 (a)와 같으며 $a < 0$이면 왼쪽 상단에서 오른쪽 하단으로 증가하는 직선으로 <그림 6–2>의 (b)와 같다.

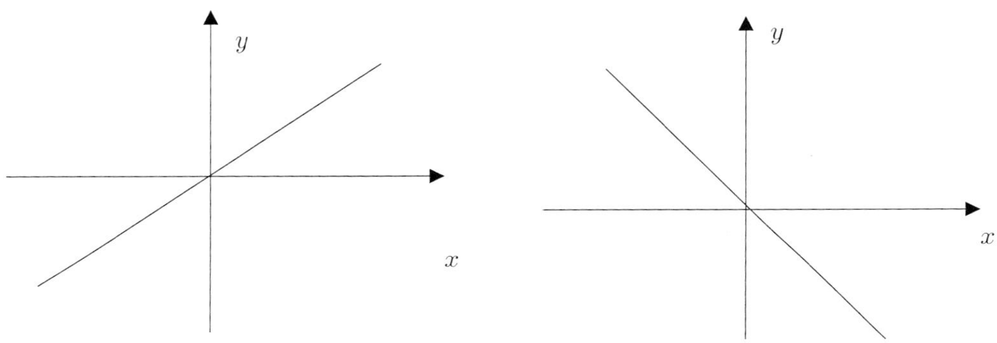

(a) $a > 0$인 경우　　(b) $a < 0$인 경우

〈그림 6-2〉 $y = ax(a \neq 0)$의 그래프

2) 일차함수 $y = ax + b$ $(a \neq 0,\ b \neq 0)$의 그래프

일차함수 $y = ax + b$의 그래프는 일차함수 $y = ax$의 그래프를 y축의 방향으로 b만큼 평행 이동한 직선으로 $b > 0$이면 y축의 양의 방향으로 b만큼 이동한 것이며 $b < 0$이면 y축의 음의 방향으로 b만큼 이동한 것이다.

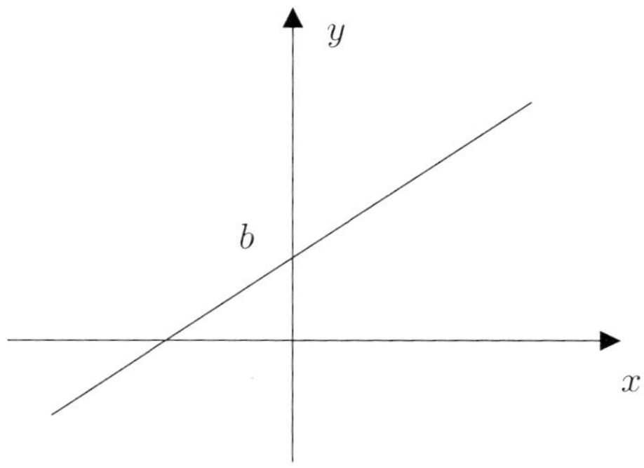

(a) $a > 0,\ b > 0$인 경우

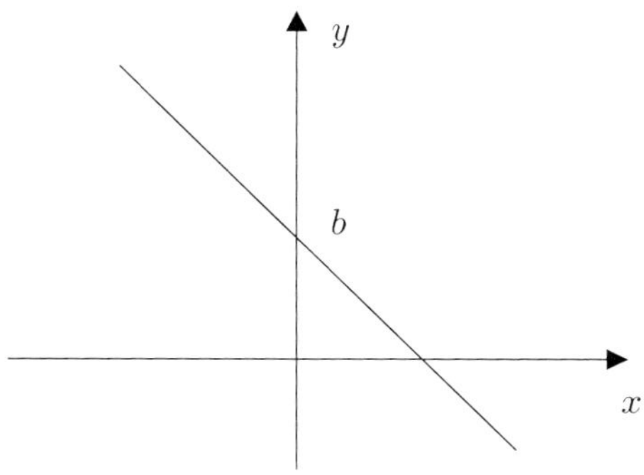

(b) $a < 0,\ b > 0$인 경우

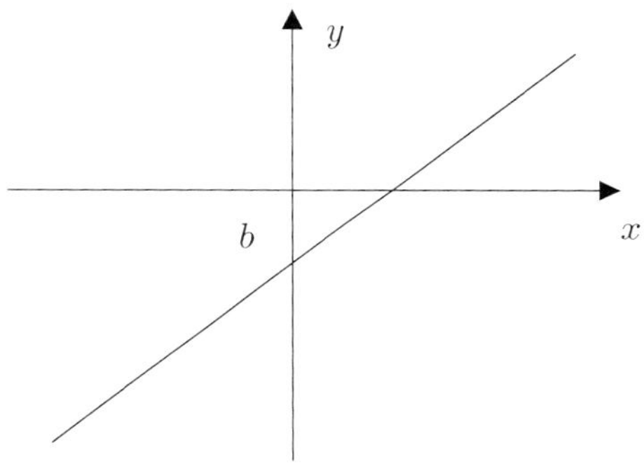

(c) $a > 0,\ b < 0$인 경우

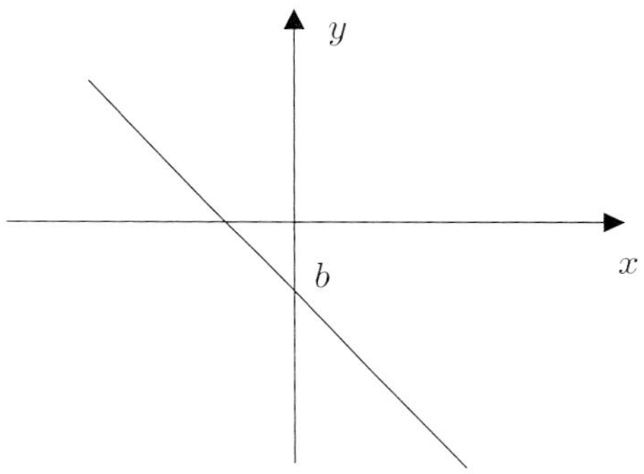

(d) $a < 0,\ b < 0$인 경우

〈그림 6-3〉 $y = ax + b(a \neq 0,\ b \neq 0)$의 그래프

상수함수 $f(x) = c$의 그래프는 <그림 6-4>와 같이 모든 x값에 대하여 함숫값은 항상 c인 수평선이 된다.

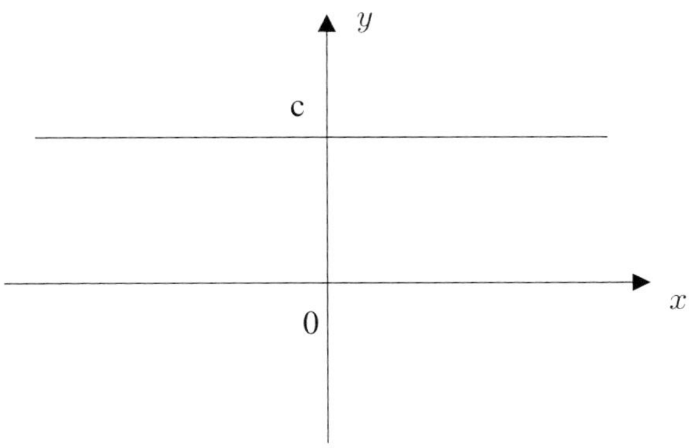

〈그림 6-4〉 상수함수의 그래프

일차함수의 그래프 작성법

일차함수의 그래프를 작성하기 위해서는 x절편과 y절편을 구하고 두 점을 연결하는 직선을 그리면 된다. x좌표란 일차함수의 그래프가 x축과 만나는 점을 말하며 $y=0$일 때 x의 값이 된다. y절편은 일차함수의 그래프가 y축과 만나는 점을 말하며 $x=0$일 때 y값을 말한다. $y=ax+b(a\neq 0)$에서 x절편은 $-\dfrac{b}{a}$가 되고 좌표로는 $(-\dfrac{b}{a}, 0)$이며 y절편은 b이면 좌표는 $(0, b)$가 된다. 여기서 좌표란 x축과 y축에 의하여 만들어지는 평면의 한 점을 나타내는 방법으로 (x_0, y_0)으로 나타낸다. 예를 들어 좌표가 $(2, 3)$인 경우 이는 x축의 값이 2이고 y축의 값이 3인 점을 의미한다.

예 제

6-4. 일차함수 $y=3x-6$의 그래프의 x절편, y절편을 각각 구하여라.

풀 이

x절편은 $y=0$일 때 x의 값이므로 $y=0$을 대입하면

$$0=3x-6 \Rightarrow x=2$$

이므로 x절편은 2가 된다. 또한 y절편은 $x=0$일 때 y의 값이므로 $x=0$을 대입하면

$$y=3\times 0-6=-6$$

이므로 y절편은 −6이 된다.

x절편, y절편을 이용하여 일차함수의 그래프를 그리는 방법의 예는 다음과 같다.

예 제

6-5. 일차함수 $y = 2x - 1$의 그래프의 x절편, y절편을 이용하여 그래프 그려라.

풀 이

$y = 2x - 1$에서 x절편, 즉, $y = 0$을 대입하면 $0 = 2x - 1$가 되며 x절편은 $x = \frac{1}{2}$가 된다. 또한 y절편은 $x = 0$을 대입하여 얻을 수 있으며 $y = -1$이 된다. 따라서 그래프는 두 점 $\left(\frac{1}{2}, 0\right)$, $(0, -1)$을 지나는 직선이다.

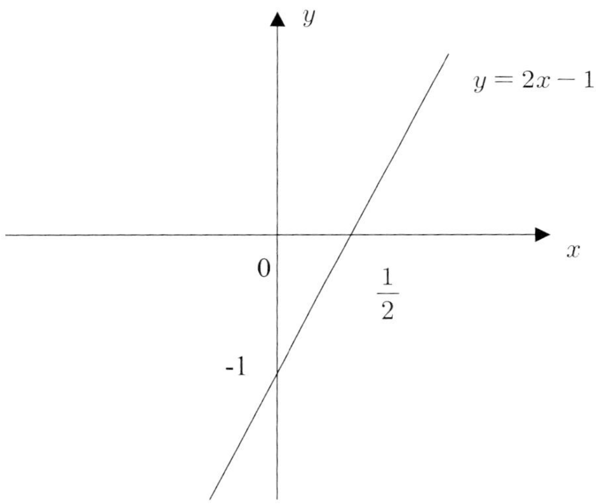

일차함수의 활용

경영학이나 회계학 분야에서 발생하는 많은 의사결정 문제들은 일차함수로 표현할 수 있으며 이를 이용하여 의사결정을 할 수 있다.

일차함수를 활용하여 문제를 푸는 순서는 다음과 같다.

① 문제의 뜻을 파악하고, 변수 x와 y를 정한 다음 x와 y값의 범위를 확인한다.

② 일차함수의 식 $y=f(x)$을 세우고, 필요한 경우는 그 그래프를 그려본다.

③ 일차함수의 식 $y=f(x)$로부터 원하는 값을 구한다.

④ 구한 답이 문제의 뜻에 맞는지 확인한다.

예 제

6-6. (판매사원의 급여) 어느 자동차 영업소에 근무하는 판매사원의 월급여는 기본급이 200만원이고 자동차의 월간 판매실적에 따라 50만원씩 지급되는 판매수당으로 구성되어 있다. 월간 판매량이 x이고 월급여를 y라 할 때 물음에 답하시오.

(1) y를 x에 관한 식으로 나타내시오.

(2) 만일 이 영업소의 김철중 대리가 5월에 자동차를 5대 판매하였다면 김철중 대리의 5월 급여는 얼마인가?

풀 이

(1) 월급여는 기본급 2000만원에 판매실적에 따라 50만원씩 올라간다고 하였으므로 판매량과 월급여 사이에는 선형적인 관계, 즉, 월급여는 판매량의 일차함수 $y=ax+b$임을 알 수 있다. 또한 x가 1단위 증가할 때 y가 50만원씩 증가하므로 $y=50x+b$(만원)과 같이 쓸 수 있다. 또한 판매실적이 0대일 때 월급여는 200만원이므로 $200=50(0)+b$에서 $b=200$가 되므로 $y=f(x)=50x+200$이 된다.

(2) (1)에서 구한 함수를 이용하면 판매실적이 5대일 때 김철중 대리의 월급여는 $y=50(5)+200=450$(만원)이 된다.

예 제

6-7. (제품의 원가) 컴퓨터용 비디오 카드를 제조하려면 제조설비를 구축하는데 2억 원이 필요하며 비디오 카드 한 개 제조하는데 소요되는 재료 및 공정비용이 2만원이 소요된다고 한다. 월간 생산량이 x이고 총 생산비용을 y라 할 때 물음에 답하시오.

(1) y를 x에 관한 식으로 나타내시오.

(2) 만일 어느 달의 생산량이 500개라면 총 생산비용은 얼마인가?

풀 이

(1) 비디오 카드 1개 생산하는 데 소요되는 재료 및 공정비용이 2만원이라고 가정하였으므로 총 생산비용과 생산량 사이에는 선형적인 관계, 즉, 총 생산비용은 생산량의 일차함수 $y = ax + b$임을 알 수 있다. 또한 x가 1단위 증가할 때 y가 20000씩 증가하므로 $y = 2x + b$(단위 : 만원)과 같이 쓸 수 있다. 또한 생산량이 0이더라도 제조설비를 구축하는데 비용 2억 원이 발생하므로 $20000 = 2(0) + b$에서 $b = 20000$가 되므로 $y = f(x) = 2x + 20000$(단위 : 만 원)이 된다.

(2) (1)에서 구한 함수를 이용하면 생산량이 500개일 때 총 생산비용은 $y = 2(500) + 20000 = 21000$(만원)이 된다.

예 제

6-8. 한국가구는 옷장만을 전문으로 생산하는 중소기업이다. 이 회사가 이번에 시판한 원목 옷장의 생산비용을 살펴보면 400만원의 고정비용이 생산량에 관계없이 일정하게 소요되고 옷장 1세트 당 변동비용은 100만원으로 추정된다고 한다. 현재 옷장 1세트의 판매가격은 200만원이며, 생산능력은 월평균 200조인 것으로 주어져 있다. 생산량을 x로 한다면 물음에 답하시오.

(1) 식탁의 생산비용 $\mathrm{C}(x)$를 x의 함수로 나타내시오.

(2) 생산된 제품이 모두 판매된다고 가정할 때 이 기업의 총수입 $\mathrm{R}(x)$를 x의 함수로 나타내시오.

(3) 이윤이 0이 되는 생산량을 구하시오.

풀 이

(1) 한 달 동안의 생산량이 x인 경우 생산비용 y는 $\mathrm{C}(x) = 400 + 100x$가 된다.

(2) 기업의 총수입은 판매량 × 가격이므로 $\mathrm{R}(x) = 200x$가 된다.

(3) '이윤 = 수입 - 비용'이므로 이윤 = $\mathrm{R}(x) - \mathrm{C}(x) = 200x - (400 - 100x) = 100x - 400$이 된다. 따라서 $100x - 400 = 0 \Rightarrow x = 4$임을 알 수 있다.

제 3 절 이차함수와 그래프

이차함수

정의역과 공역이 실수 전체의 집합인 함수 $y=f(x)$가 x에 관한 이차식

$$y=ax^2+bx+c(a,\ b,\ c\text{는 상수},\ a\neq 0)$$

로 나타내어질 때, 함수 y를 x에 관한 이차함수라고 한다.

$y=2x^2$, $y=4x^2-1$, $y=3x^2+2x+3$ 등은 모두 이차함수이다. 그러나 $y=x-2$, $y=3$, $y=\dfrac{1}{x^2-2x+1}$, $y=\dfrac{1}{x}$ 등은 y가 x에 관한 이차식이 아니므로 이차함수가 아니다.

정의역이나 공역에 대한 특별한 말이 없을 때는 정의역과 공역을 실수 전체의 집합으로 생각한다. $y=ax^2+bx+c$가 이차함수가 되려면 반드시 $a\neq 0$이어야 한다. 그러나 $b=0$ 또는 $c=0$이어도 된다.

a가 0이 아니라고 가정할 때 이차식, 이차방정식과 이차함수를 다음과 같이 구분한다. ax^2+bx+c은 이차식, $ax^2+bx+c=0$은 이차방정식이며 $y=ax^2+bx+c$는 이차함수라고 부른다. 따라서 같은 식이라 하더라도 표현하는 방법에 따라 종류가 달라진다는 것을 알 수 있다.

이차함수는 일반적으로 다음과 같은 5가지 형태가 있다.

① $y=ax^2$　　② $y=ax^2+q$

③ $y=a(x-p)^2$　　④ $y=a(x-p)^2+q$

⑤ $y=ax^2+bx+c$

$y = ax^2$ 의 그래프

이차함수 $y = ax^2(a \neq 0)$의 그래프는 모든 형태의 이차함수의 출발점이 된다. 이차함수 $y = ax^2(a \neq 0)$의 그래프의 성질은 다음과 같다.

(1) 꼭짓점의 좌표 : 원점 (0, 0)

(2) a의 부호에 따라 포물선의 모양이 달라진다.

① $a > 0$일 때

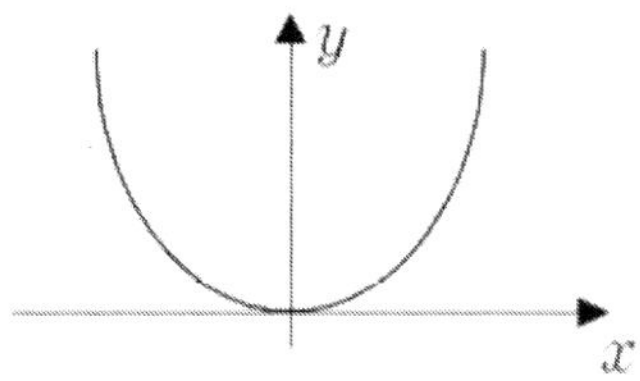

② $a < 0$일 때

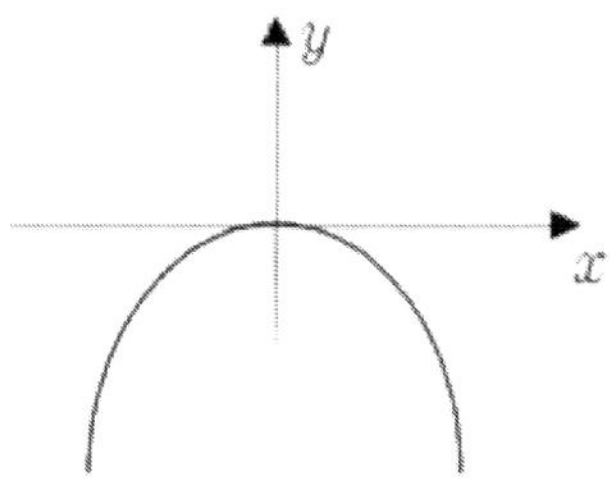

(3) a의 절댓값이 클수록 그래프의 폭이 좁아진다.

(4) y축에 대하여 대칭이다.

이차함수 $y = ax^2 + q$ 의 그래프

이차함수 $y = ax^2 + q(a \neq 0)$의 그래프는 이차함수 $y = ax^2$의 그래프를 y축의 방향으로 q만큼 평행 이동한 것이다. 즉, $q > 0$이면 y축의 양의 방향(위쪽)으로 평행 이동한 것이며, $q < 0$이면 y축의 음의 방향(아래쪽)으로 평행 이동한 것이다.

이차함수 $y = ax^2 + q(a \neq 0)$의 그래프는 a와 q에 따라 달라지며 <그림 6–5>와 같다.

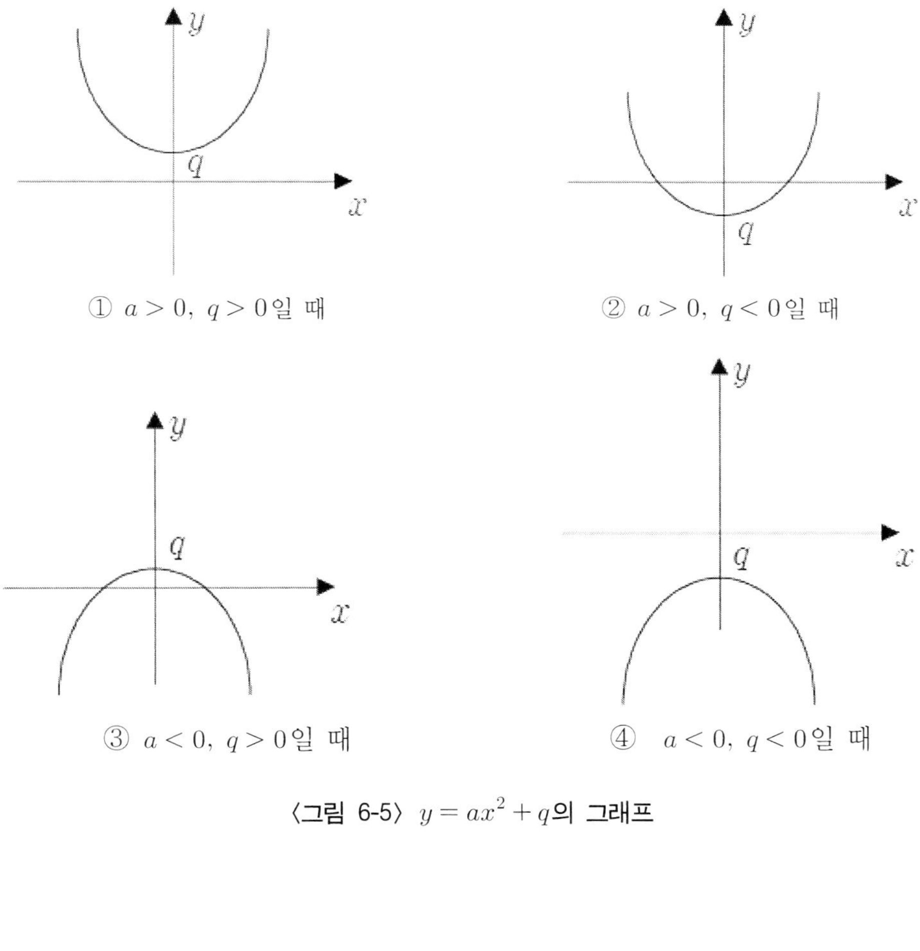

① $a > 0$, $q > 0$일 때

② $a > 0$, $q < 0$일 때

③ $a < 0$, $q > 0$일 때

④ $a < 0$, $q < 0$일 때

〈그림 6-5〉 $y = ax^2 + q$의 그래프

예제

6-9. 이차함수 $y=2x^2-1$의 그래프를 작성하시오.

풀이

$y=2x^2-1$의 그래프는 $y=2x^2$의 그래프를 y축의 방향으로 -1만큼 평행 이동한 것이다. 따라서 꼭짓점의 좌표는 (0, -1)이 되고 x^2의 계수가 양수이므로 아래로 볼록인 형태가 된다.

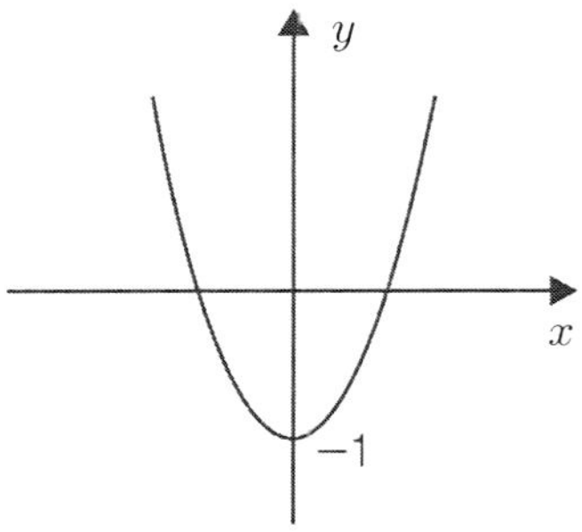

이차함수 $y=a(x-p)^2$ 의 그래프

이차함수 $y=a(x-p)^2(a\neq 0)$의 그래프는 이차함수 $y=ax^2$의 그래프를 x축 방향으로 p만큼 이동한 것이다. $p>0$이면 x축의 양의 방향(오른쪽)으로 평행 이동한 것이며, $p<0$이면 x축의 음의 방향(왼쪽)으로 평행 이동한 것이다.

이차함수의 $y=a(x-p)^2(a\neq 0)$의 그래프의 성질은 $y=ax^2$의 성질과 유사하나 꼭짓점의 좌표가 (p, 0)라는 점이 다르다.

예제

6-10. 이차함수 $y=2(x-1)^2$의 그래프를 작성하시오.

풀이

$y=2(x-1)^2$의 그래프는 $y=2x^2$의 그래프를 x축의 방향으로 1만큼 평행 이동한 것이다. 따라서 꼭짓점의 좌표는 (1, 0)이 되고 y축과의 교점 좌표는 (0, 2)가 되어 아래와 같은 그래프가 된다.

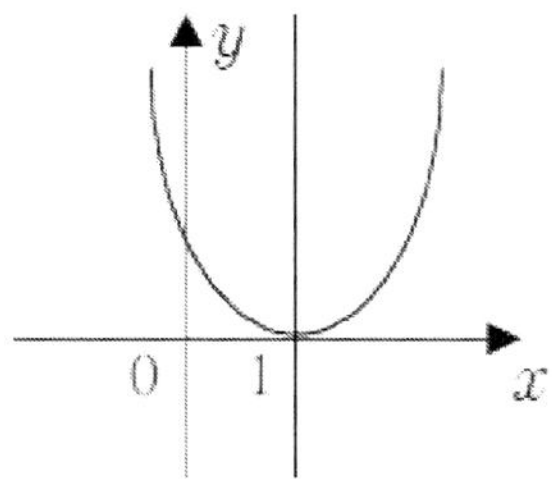

6-11. 이차함수 $y=-3(x+1)^2$의 그래프를 작성하시오.

풀이

$y=-3(x+1)^2$의 그래프는 $y=-3x^2$의 그래프를 x축의 방향으로 -1만큼 평행 이동한 것이다. 따라서 꼭짓점의 좌표는 (-1, 0)이 되고 y축과의 교점 좌표는 (0, -3)이 되어 아래와 같은 그래프가 된다.

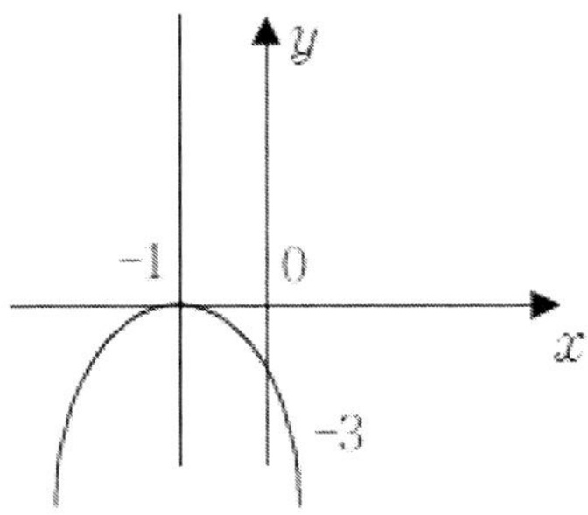

이차함수 $y=a(x-p)^2+q$ 의 그래프

이차함수 $y=a(x-p)^2+q(a\neq 0)$의 그래프는 이차함수 $y=ax^2$의 그래프를 x축의 방향으로 p만큼, y축으로 q만큼 평행 이동한 것이다.

이차함수 $y=a(x-p)^2+q(a\neq 0)$의 그래프의 성질은 $y=ax^2+q$의 성질과 $y=a(x-p)^2$의 성질과 유사하나 꼭짓점의 좌표가 (p, q)라는 점이 다르다.

$y=a(x-p)^2+q$의 꼴을 이차함수의 표준형이라고 한다. 이차함수 $y=ax^2$에서 x대신 $x-p$, y대신 $y-q$를 대입하여 얻을 수 있다. y절편은 $x=0$을 대입하였을 때 y의 값으로 ap^2+q이다.

이차함수 $y=a(x-p)^2+q$의 그래프 그리는 방법은 다음과 같다.

step 1 : 꼭짓점 (p, q)을 구하여 좌표평면 위에 나타낸다.
step 2 : y축과의 교점을 구하여 좌표평면 위에 나타낸다.
step 3 : 꼭짓점과 y축과의 교점을 곡선으로 연결한다.

예 제

6-12. 이차함수 $y=3(x-2)^2+1$의 그래프를 작성하시오.

풀 이

$y=3(x-2)^2+1$의 그래프는 $y=3x^2$의 그래프를 x축의 방향으로 2만큼, y축의 방향으로 1만큼 평행 이동한 것이다. 따라서 $y=3(x-2)^2+1$의 그래프는 꼭짓점의 좌표는 (2, 1)이고 y축과의 교점의 좌표는 (0, 13)이 되는 그래프이다.

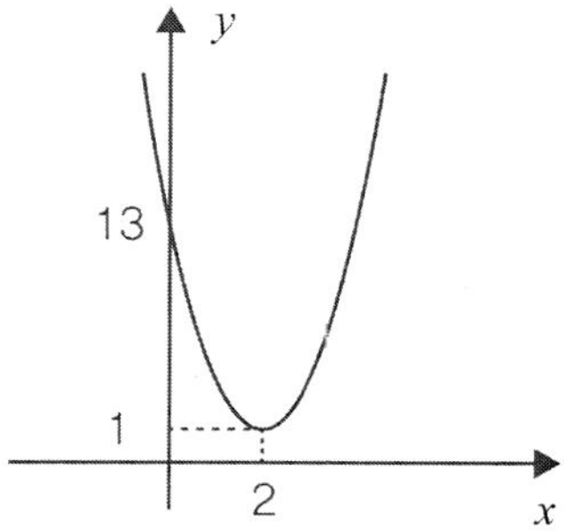

예제

6-13. 이차함수 $y=-\frac{1}{2}(x-1)^2-4$의 그래프를 작성하시오.

풀이

$y=-\frac{1}{2}(x-1)^2-4$의 그래프는 $y=-\frac{1}{2}x^2$의 그래프를 x축의 방향으로 1만큼, y축의 방향으로 −4만큼 평행 이동한 것이다. 따라서 $y=-\frac{1}{2}(x-1)^2-4$의 그래프는 꼭짓점의 좌표는 (1, −4)이고 y축과의 교점의 좌표는 $(0, -\frac{9}{2})$가 되는 그래프이다.

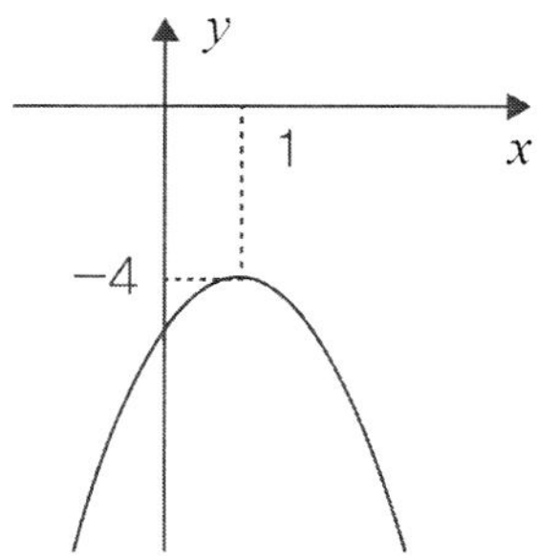

이차함수 $y=ax^2+bx+c$ 의 그래프

이차함수 $y=ax^2+bx+c(a\neq 0)$의 그래프는 이차식 ax^2+bx+c을 다음과 같이 완전제곱의 형태를 이용하여 $y=a(x-p)^2+q$꼴로 만들어 작성할 수 있다. 즉, $y=ax^2+bx+c$는 $y=a(x+\frac{b}{2a})^2-\frac{b^2-4ac}{4a}$의 형태로 변환할 수 있다. 그러면 꼭짓점의 좌표는 $\left(-\frac{b}{2a},\ -\frac{b^2-4ac}{4a}\right)$가 되며 y축과의 교점의 좌표는 (0, c)가 된다.

예 제

6-14. 이차함수 $y=2x^2+4x+5$의 그래프를 작성하시오.

풀 이

$y=2x^2-4x+5=2(x^2-2x)+5=2(x^2-2x+1-1)+5=2(x-1)^2+3$
따라서 꼭짓점의 좌표는 $(-1,3)$이고 y축과의 교점의 좌표는 $(0,5)$가 된다. 따라서 $y=2x^2+4x+5$의 그래프는 다음과 같다.

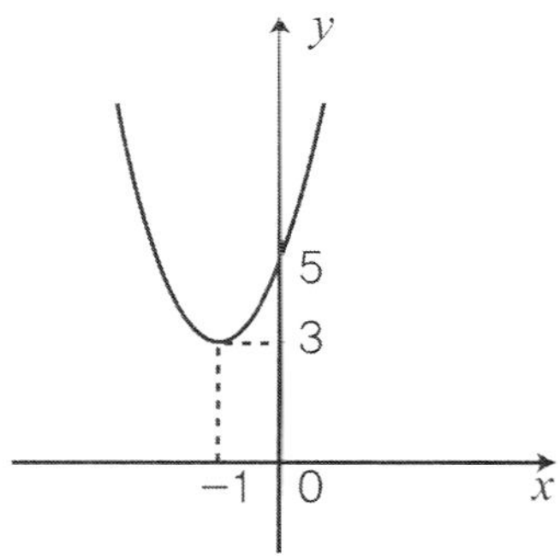

이차함수의 활용

이차함수도 일차함수와 마찬가지로 기업의 의사결정과 관련된 많은 문제들을 모형화 하는데 활용될 수 있다. 다음에 나오는 몇 가지 사례들을 이용하여 이차함수의 활용 방법을 살펴보도록 하자.

예 제

6-15. 김철수씨는 5억 원에 아파트를 사서 x%의 이윤을 남기고 전미라씨에게 팔았다. 또한 전미라씨는 이 아파트를 x%의 이윤을 남기고 박미달씨에게 팔았다. 박미달씨의 구매가격(y)을 x의 함수로 나타내시오.

풀 이

김철수씨는 5억 원에 아파트를 사서 x%의 이윤을 남기고 전미라씨에게 팔았으므로 전미라씨의 구매가격은 $5(1+\frac{x}{100})$(단위 : 억 원)이고, 전미라씨는 이 아파트를 x%의 이윤을 남기고 박미달씨에게 팔았으므로 박미달씨의 구매가격은 다음과 같다.

$$y = 5(1+\frac{x}{100})(1+\frac{x}{100}) = 5(1+\frac{x}{100})^2 = \frac{1}{2000}(x^2+200x+10000)$$

6-16. 새로운 벽돌을 독점 생산하는 A사는 한 달간 수요량이 $\mathrm{D}(p) = 10000-500p$인 것으로 추정하고 있다. 여기서 p는 가격을 나타낸다. 만일 수요량이 판매량(x)과 동일하다면 한 달간 총수입을 x의 함수로 나타내시오.

풀 이

한 달간의 수입함수를 $\mathrm{R}(x)$라 한다면 $\mathrm{R}(x) = xp$가 된다. 판매량 p는 가격 x에 의하여 결정되는 수요량과 일치하므로 $x = \mathrm{D}(p) = 10000-500p$에서

$$p = 20-\frac{x}{500}$$

임을 알 수 있다. 따라서 수입함수 $\mathrm{R}(x)$는

$$\mathrm{R}(x) = xp = x(20-\frac{x}{500}) = 20x-\frac{x^2}{500}$$ 이다.

예 제

6-17. 한솔전자는 오존을 이용한 공기정화기를 판매하는 회사이다. 한솔전자는 이 기술을 개발한 가나연구소에 수입의 20%를 지식재산권으로 지급하고 있다. 이번에 새로 출시하는 공기정화기의 수요는 $x = 2000000 - 10p$로 추정하고 있다. 여기에서 p는 공기정화기의 정가이고 x는 수요량이다. 가나연구소의 수입 $\mathrm{Y}(x)$를 x의 함수로 나타내어라.

풀 이

공기정화기의 수요 x=2000000$-$10p이므로 p=200000$-$0.1x이므로 한솔전자의 수입은 xp는

$$xp = x(200000 - 0.1x) = 200000x - 0.1x^2$$

가 된다. 가나전자의 지식재산권은 20%이므로 가나전자의 수입은

$$\mathrm{Y}(x) = 0.2(200000x - 0.1x^2) = 40000x - 0.02x^2$$ 이다.

제 4 절 이차함수의 최댓값과 최솟값

함수의 최댓값은 정의역의 모든 원소에 대한 함숫값 중에서 가장 큰 값, 즉, 치역의 원소 중에서 가장 큰 값을 말하며 최솟값은 정의역의 모든 원소에 대한 함숫값 중에서 가장 작은 값, 즉, 치역의 원소 중에서 가장 작은 값을 말한다.

이차함수의 최댓값과 최솟값을 구하는 방법은 이차함수 $y=ax^2+bx+c$를 $y=a(x-p)^2+q$의 꼴로 고쳐서 a의 부호와 꼭짓점의 좌표 $(p,\ q)$를 이용하여 최댓값 또는 최솟값을 다음과 같이 구할 수 있다.

$a>0$인 경우 $y=ax^2+bx+c$의 그래프는 <그림 6–6>의 (a)와 같으며 $x=p$일 때 최솟값 q를 갖는다. 또한 $a<0$인 경우 $y=ax^2+bx+c$의 그래프는 <그림 6–6>의 (b)와 같으며 $x=p$일 때 최댓값 q를 갖는다.

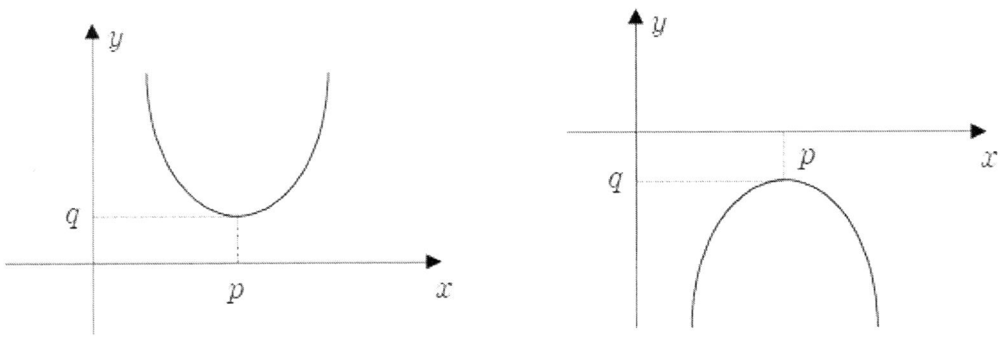

(a) $a>0$인 경우 (b) $a<0$인 경우

〈그림 6-6〉 $y=ax^2+bx+c$의 그래프

예 제

6-18. 이차함수 $y = -2x^2 + 4x + 3$의 최댓값 또는 최솟값과 치역을 구하여라.

풀 이

$y = -2x^2 + 4x + 3 = -2(x^2 - 2x + 1 - 1) + 3 = -2(x-1)^2 + 5$ 이므로 그래프의 꼭짓점 좌표가 $(1, 5)$인 포물선이다. x^2의 계수가 -2이므로 주어진 이차함수는 $x = 1$일 때 최댓값 5를 가지며 최솟값은 없다. 또한 모든 함숫값은 최댓값보다 작으므로 치역은 $\{y \mid y \leq 5\}$이다.

이차함수의 최댓값 또는 최솟값에 관한 활용 문제는 다음과 같은 순서로 푼다.

① 문제의 뜻을 파악하여 두 변수 x, y를 정한다.

② 두 변수 x, y사이의 관계를 식으로 나타낸다. 이 식이 이차식이라고 가정하자.

③ 이차함수의 최댓값 또는 최솟값을 구한다.

④ 구한 답이 문제의 조건에 맞는지 확인한다.

예 제

6-19. 길이가 36cm인 끈으로 만들 수 있는 직사각형의 최대넓이와 그때의 가로, 세로의 길이를 각각 구하여라.

풀 이

가로의 길이를 $x$cm라고 하면 세로의 길이는 $(18-x)$cm이다. 이때 넓이를 $y$cm^{2}라고 하면 $y = x(18-x) = -x^2 + 18x = -(x-9)^2 + 81$가 되어 $x = 9$일 때 최댓값 81을 갖는다. 따라서 직사각형의 최대 넓이는 81cm^{2}이고, 그때의 가로의 길이는 9cm, 세로의 길이는 9cm이다.

예 제

6-20. 예제 6-16에서 한 달간 총수입을 최대로 하는 판매량 x의 값을 구하시오.

풀 이

한 달간 수입함수 $\mathrm{R}(x)$는 $\mathrm{R}(x)=20x-\dfrac{x^2}{500}$이므로

$$\begin{aligned}\mathrm{R}(x)&=20x-\frac{x^2}{500}=-\frac{1}{500}(x^2-10000x+5000^2-5000^2)\\&=-\frac{1}{500}(x-5000)^2+50000\end{aligned}$$

가 된다. 따라서 판매량이 5000일 때 수입이 최대가 된다.

6-21. 예제 6-17의 예에서 가나연구소의 수입 $\mathrm{Y}(x)$를 최대로 하는 판매량 x는 얼마인가?

풀 이

가나전자의 수입은 $\mathrm{Y}(x)=40000x-0.02x^2$이므로

$$\begin{aligned}\mathrm{Y}(x)&=40000x-0.02x^2=-0.02(x^2-2\times1000000x+1000000^2-1000000^2)\\&=-0.02(x-1000000)^2+(0.02)(1000000^2)\end{aligned}$$

이다. 따라서 판매량이 1,000,000일 때 가나전자의 수입이 최대가 된다.

제 5 절 지수함수와 로그함수

지수함수

양의 실수 a에 대하여 실수 집합에서 정의된 함수

$$f(x) = a^x$$

를 지수함수라고 한다. 만일 x가 자연수 n이라면 a^n은

$$a^n = a \times a \times \cdots \times a$$

와 같이 a를 n번 곱한 것으로 정의하며

$$a^{-n} = \frac{1}{a^n}$$

와 같은 관계가 성립한다.

지수함수 $f(x) = a^x$는 $a > 0$이고 $a \neq 1$일 때, a를 밑으로 하는 x의 지수함수라 한다. 지수함수는 일대일 함수이며 정의역은 실수 전체의 집합 R이며 치역은 양의 실수 전체의 집합이다. 또한 지수함수는 $a > 1$이면 단조증가 함수이며 $0 < a < 1$이면 단조감소 함수가 된다. 따라서 $f(x) = a^x$의 그래프는 a의 값에 따라 다른 모양을 갖는다.

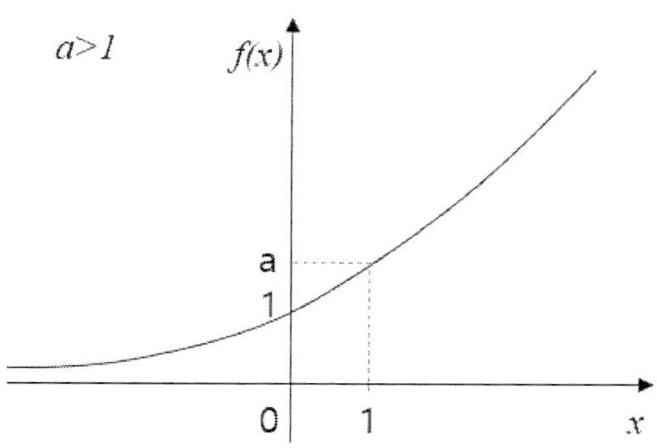

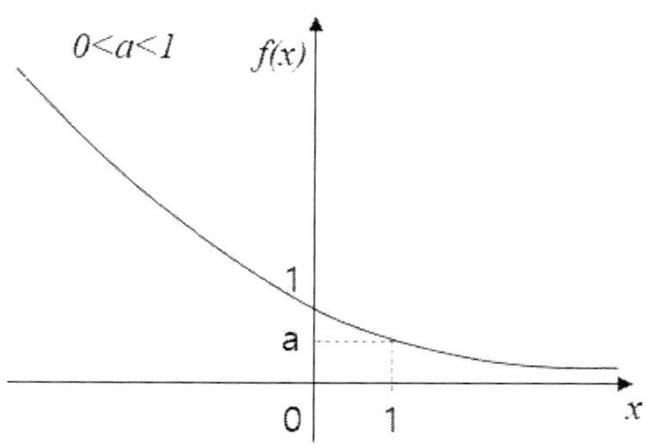

은행에 정기예금을 하는 경우 일정 기간이 지나면 원금과 이자를 지급하게 된다. 이것을 원리합계라고 한다. 이 경우 이자계산을 하는 방법에는 단리법과 복리법이 있다. 지수함수는 복리법으로 이자계산을 하는 경우 원리합계를 계산하는 데 활용된다. 예를 들어 10000원을 은행에 저금하면 1년 뒤에 10%의 이자를 지급하는 경우를 생각해보자. 1년 뒤 원리합계는 원금 10000원과 이자 10000(0.1)을 합한 11000=10000(1+0.1)원이 된다. 복리법은 만일 1년 뒤에 이자를 찾지 않고 원금 10000원과 이자 1000을 합한 11000원을 다시 1년 동안 예금하는 경우에 11000원에 10%의 이자를 지급하게 되는 것이다. 이때의 원리합계는 11000+11000(0.1)=11000(1+0.1)=$10000(1+0.1)^2$원이 된다. 이런 과정을 계속 반복하면 t년 후의 원금과 이자의 합계는 $10000(1+0.1)^t$가 된다. 이를 일반화하여 A원을 연 이자율이 $100\times r$%인 정기예금에 t년 동안 예금을 하고 이자를 복리법으로 계산하는 경우 t년 후의 원금과 이자의 합계는 $\mathrm{A}(1+r)^t$가 된다. 이를 예금기간 t의 함수로 나타내면 $f(t)=\mathrm{A}(1+r)^t$(단, A와 r은 상수)가 된다.

만일 연이자율이 10%인 정기예금에서 이자계산을 1년에 한 번 하지 않고 6개월에 한 번씩 한다면 6개월에 적용되는 이자율은 $\frac{10\%}{2}=5\%$가 되며 1년 뒤의 원금과 이자의 합계는 $10000(1+0.05)^2$가 된다. 만일 10000원을 t년 동안 예금을 하였다면 t년 후에는 $10000(1+0.05)^{2t}$가 된다. 만일 1년에 이자계산을 m번 한다면 t년 후의 원금과 이자의 합계는 $10000(1+\frac{0.1}{m})^{mt}$가 될 것이다.

이 과정을 일반화시키면 원금을 A라하고 연이자율을 $100\times r$%라고 할 때 t년 후의 원금과 이자의 합계 $f(t)$은 다음과 같이 나타낼 수 있다.

$$f(t)=\mathrm{A}\left(1+\frac{r}{m}\right)^{mt}(\text{단, A, } r,\ m\text{은 상수})$$

지수함수를 이용하여 자연지수를 정의하기 위하여 다음과 같은 함수 $f(m)=\left(1+\frac{1}{m}\right)^m$를 고려해보자. 이 함수는 m값이 점점 커지면 아래의 표와 같이 함숫값이 변하게 된다.

m	1	10	100	1000	10000	100000
$\left(1+\frac{1}{m}\right)^m$	2	2.59374246	2.70481383	2.71692393	2.71814593	2.71826824

실제로 이 함수의 값은 m값이 무한히 커져도 어느 한 값에 수렴하지 않고 계속 변하기 때문에 이를 e로 표시하고 자연지수라고 부른다. 자연지수 e는 무리수가 되며 이를 다음과 같은 기호를 이용하여 정의한다.

$$e = \lim_{m \to \infty}\left(1 + \frac{1}{m}\right)^m$$

여기서 lim은 극한을 의미하며 자세한 내용은 8장에서 설명한다.

지수함수는 자연지수를 이용하여 다음과 같이 표현할 수 있으며 이를 자연지수함수라고 한다.

$$f(x) = e^x$$

앞에서 설명한 원리합계를 계산하는 문제에서 다음과 같은 경우를 생각해보자. 원금 A원을 연이자율이 $100 \times r\%$인 정기예금에 t년 동안 예금하였다고 하자. 이때 만일 이자가 매 순간 계산된다고 하면 t년 후의 원리합계는 얼마가 될까?

이 문제는 이자계산을 매 순간 하므로 앞에서 이자를 1년에 m번 계산하는 경우에서 1년 동안 이자를 계산하는 횟수 m이 무한히 많아지는 경우가 된다. 따라서 앞에서 설명한 t년 동안 원리합계 $\mathrm{A}(1+\frac{r}{m})^{mt}$에서 $m \to \infty$ 인 경우가 되므로 다음과 같이 나타낼 수 있다.

$$\lim_{m \to \infty} \mathrm{A}(1+\frac{r}{m})^{mt} = \mathrm{A}\lim_{m \to \infty}\left[(1+\frac{r}{m})^m\right]^t = \mathrm{A}\lim_{y \to \infty}\left[(1+\frac{1}{y})^y\right]^{tr} = \mathrm{A}e^{tr}$$

여기서 $y = \frac{m}{r}$이다.

따라서 원금 A원을 연이자율이 $100 \times r\%$인 정기예금에 t년 동안 예금하였다고 하자. 이때 만일 이자가 매 순간 계산된다고 하면 t년 후의 원리합계 $f(t)$는 다음과 같다.

$$f(t) = \mathrm{A}e^{tr}(\text{단, A와 } r\text{은 상수})$$

예 제

6-22. 노랑신협은 연 6%의 이자를 매월 계산하여 원금에 합해준다고 한다. 만일 500만원을 저축하였을 때 6개월 후의 원금과 이자의 합계는 얼마인가?

풀 이

연 6%의 이자율을 월 평균이자율로 고치면 $6\% \times \dfrac{1}{12} = 0.5\% = 0.005$가 된다. 따라서 6개월 후의 원금과 이자의 합계는

$$500(1+0.005)^6 = 515.189(\text{만원})$$

이 됨을 알 수 있다.

6-23. 1000만원을 투자하면 연 6%의 이자를 복리로 지급하는 예금상품이 있다고 한다. 이자를 3개월에 한 번씩 계산한다면 18개월 후의 원금과 이자의 합계는 얼마인가?

풀 이

연 6%의 이자율을 3개월 평균이자율로 고치면 $6\% \times \dfrac{3}{12} = 1.5\% = 0.015$가 된다. 따라서 18개월 후의 원금과 이자의 합계는

$$1000(1+0.015)^6 = 1093.443(\text{만원})$$

이 됨을 알 수 있다.

6-24. 1000만원을 투자하면 연 6%의 이자를 복리로 지급하는 예금상품이 있다고 한다. 이자를 매 순간 계산한다고 할 때 2년 후의 원금과 이자의 합계는 얼마인가?

풀 이

연 이자율이 6%이고 이자를 매 순간 계산하므로 2년 후의 원금과 이자의 합계는

$$1000e^{2(0.06)} = 1127.497(\text{만원})$$

이 됨을 알 수 있다.

로그함수

지수의 성질 중 모든 $a>0$에 대하여 $a^0=1$이라는 성질을 이용하면, $10^x=1$을 만족하는 x값을 구하면 $x=0$임을 쉽게 알 수 있다. 그런데 $10^x=2$를 만족하는 x값을 구하는 문제는 쉽게 해결할 수 없다. 이를 위하여 도입된 함수가 로그함수이다.

지수함수 $y=a^x$ $(a>0,\ a\neq 0)$가 주어졌을 때, 임의의 양수 b에 대하여 $a^x=b$를 만족하는 실수 x를

$$x=\log_a b$$

로 나타내고, 이것을 a를 밑으로 하는 b의 로그라고 한다. 따라서 $a^y=x$일 때 $y=\log_a x$가 성립하며, 이를 로그함수라 부른다.

기본적인 로그함수의 성질을 살펴보면 다음과 같다.

(a) $\log_a pq=\log_a p+\log_a q$

(b) $\log_a p^r=rlog_a p$

(c) $\log_a \dfrac{1}{p}=-\log_a p$

(d) $\log_a \dfrac{p}{q}=\log_a p-\log_a q$

(e) $\log_a b=\dfrac{\log_c b}{\log_c a}$

또한 밑이 자연지수 e인 로그를 자연로그라고 하며 $\log_e x=\ln x$와 같이 표기한다. 자연로그의 성질도 일반적인 로그함수의 성질과 같으며 추가적으로 다음과 같은 성질을 갖는다.

$$\ln e^x=x$$

예 제

6-25. $f(x)=ce^{mx}$ 라 할 때 $f(0)=1$ 이고 $f(4)=25$ 일 때 c와 m의 값을 구하여라.

풀 이

$f(0)=ce^{m\times 0}=c=1$ 이며

$f(4)=1e^{m\times 4}=25 \Rightarrow e^{m\times 4}=25 \Rightarrow \ln e^{m\times 4}=4m=\ln 25 \Rightarrow m=\frac{1}{4}ln25$

가 됨을 알 수 있다.

연 습 문 제

1. 다음 중 함수를 고르고 그 함수가 1 대 1 함수인지 또는 1 대 1 대응인지 결정하시오.

(1)

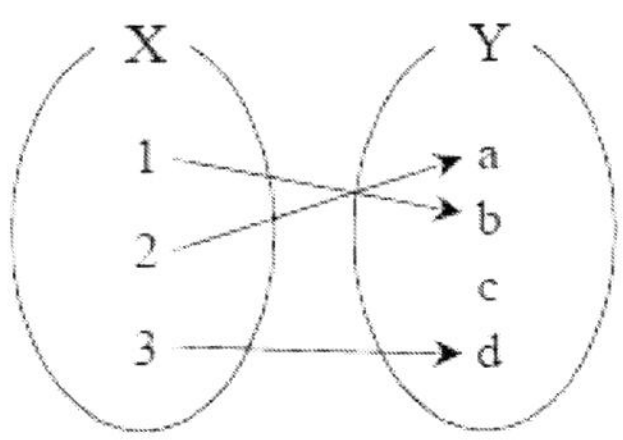

(2)

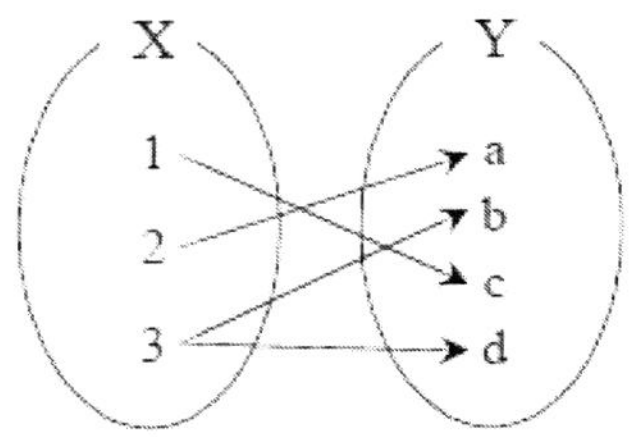

(3)

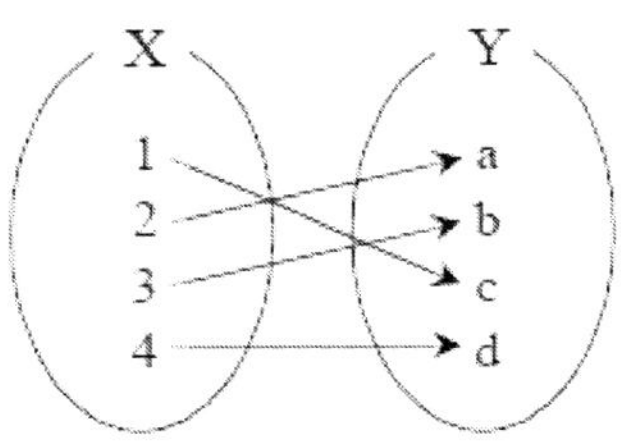

(4)

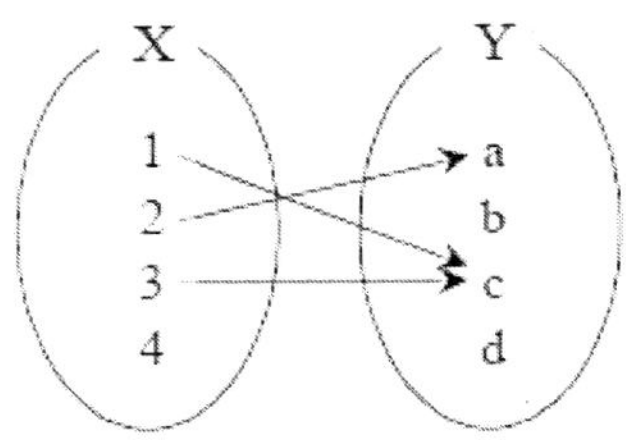

2. 다음 주어진 함수가 일차함수인지 결정하시오.

(1) $y=\frac{7}{4}x+3$ (2) $y=6$ (3) $y=2x^2+2x+3$ (4) $y=-3x$

3. 다음 일차함수의 x절편, y절편을 각각 구하여라.

(1) $y=3x-5$ (2) $y=2x-1$ (3) $y=3x-3$ (4) $y=\frac{1}{2}x+\frac{4}{5}$

4. 다음 일차함수의 그래프의 x절편, y절편을 이용하여 그래프 그려라.

(1) $2y = 2x - 4$

(2) $y = -2x + 1$

(3) $y = \frac{4}{3}x - 3$

(4) $y = -\frac{1}{2}x + \frac{4}{3}$

5. 일차함수 $y = -3x + 6$의 그래프에서 x의 값이 -1에서 2까지 증가할 때, y의 값의 증가량을 구하시오.

6. 일차함수가 다음과 같이 주어져 있을 때 물음에 답하시오.

(a) $y = \frac{3}{2}x + 1$ (b) $2y = 4x + 1$ (c) $2y = 3x + 1$ (d) $2y = 3x + 2$

(1) 기울기가 $\frac{3}{2}$가 아닌 함수는 무엇인가?

(2) 함수 (a)와 평행인 함수는 무엇인가?

(3) 함수 (b)와 절편이 같은 함수는 무엇인가?

(4) 함수 (a)와 동일한 함수는 무엇인가?

(5) $y = \frac{3}{2}x$의 그래프를 y축 방향으로 $\frac{1}{2}$만큼 이동한 함수는 무엇인가?

(6) 점 $(1, \frac{5}{2})$를 지나는 함수는 무엇인가?

7. 한국가구는 식탁만을 전문으로 생산하는 중소기업이다. 이 회사가 이번에 시판한 원탁형 식탁의 생산비용을 살펴보면 생산량에 관계없이 일정하게 소요되는 고정비용이 600만원이며 식탁 1조당 변동비용은 10만원으로 추정된다고 한다. 현재 식탁 1조의 판매가격은 12만원이며, 생산능력은 월평균 1,000조인 것으로 주어져 있다. 생산량을 Q로 한다면 물음에 답하시오.

(1) 식탁의 생산비용 y를 Q의 함수로 나타내시오.

(2) 이 기업의 총수입을 Q의 함수로 나타내시오.

(3) 이윤이 0이 되는 생산량을 구하시오.

8. 복음병원의 원장은 고객만족을 위하여 새로운 진단장비의 도입을 검토하고 있다. 이 장비의 도입비용 F는 1억 원으로 추정되며 환자 한 사람을 진단하는데 소요되는 비용 c는 10만원이 소요된다. 진단 비용에는 장비 사용료, 재료비, 장비 담당자와 의사의 인건비가 포함되어 있다. 병원장은 이 자료를 바탕으로 환자의 진단 비용을 20만원으로 책정할 예정이다. 이 장비는 1일 8시간 가동할 수 있으며 연간 2500명까지 진단할 수 있다.

(1) 연간 환자의 수를 x라고 할 때 이 장비를 도입하여 환자들의 진단에 소요되는 연간 총비용을 x의 함수로 나타내시오.

(2) 연간 환자의 수를 x라고 할 때 연간 병원의 총수입을 x의 함수로 나타내시오.

(3) 이 장비의 도입으로 인해 복음병원이 이익을 내기 위해서는 연간 환자의 수가 얼마 이상이어야 하는가?

(4) 이 장비의 도입 추정가가 잘못되어 $\pm 20\%$의 오차가 있다고 할 때 복음병원의 이익의 범위는 어떻게 되는가?

(5) 만일 환자 한 사람 진단하는데 소요되는 비용이 10% 증가한다면 복음병원이 이익을 내기 위해서는 연간 환자의 수가 얼마 이상이어야 하는가?

9. 다음 이차함수의 그래프를 작성하시오.

(1) $y=2(x-3)^2$

(2) $y=-2(x-1)^2$

(3) $y=2(x-2)^2-31$

(4) $y=-\frac{1}{3}(x-1)^2+\frac{4}{3}$

10. 이차함수 $y=\frac{1}{2}x^2+8x+4$의 그래프의 꼭짓점의 좌표, y축과의 교점의 좌표를 각각 구하여라.

11. 이차함수 $y=-3x^2+6x+3$의 최댓값 또는 최솟값과 치역을 구하여라.

12. 길이가 40cm인 끈으로 만들 수 있는 직사각형의 최대 넓이와 그때의 가로와 세로의 길이를 각각 구하여라.

13. A사에서 생산하는 제품의 월간 수요량은 $D(p)=10000-500p$인 것으로 추정하고 있다. 만일 수요량이 판매량(Q)과 동일하다면 물음에 답하시오.

(1) 한 달간의 총수입 R(Q)를 Q의 함수로 나타내시오.

(2) 한 달간의 총수입이 최대가 되는 생산량 Q의 값을 구하시오.

14. H사는 대용량 퓨즈를 전문으로 생산하는 기업이다. 이번에 새로 개발한 퓨즈의 수요는 $x = 5000 - 100p$로 추정하고 있다. 여기에서 p는 퓨즈의 정가이고 x는 수요량이다. 만일 수요량과 판매량이 같다고 가정할 때 물음에 답하시오.

(1) H사의 수입 $f(x)$를 x의 함수로 나타내시오.

(2) H사의 수입을 최대로 하는 판매량 x의 값을 구하시오.

15. 어느 회사는 휴대폰에 들어가는 부품을 판매하고 있다. 이 제품의 생산대수를 Q라고 할 때 생산비용은 C(Q)$= 400 + 20$Q(만원)로 추정되며, 1주일의 수요량 D(p)는 가격을 p(만원)이라 할 때 D$(p) = 100 - 2p$인 것으로 알려졌다. 단, 판매량과 수요량(D(p))과 생산량(Q)은 같다고 가정한다.

(1) 한밭상사의 수입을 판매량 Q의 함수로 나타내시오.

(2) 판매량, Q가 얼마일 때 수입이 최대가 되는가?

(3) 한밭상사의 이익을 판매량 Q의 함수로 나타내시오.

(4) 이익이 0이 되는 판매량은 얼마인가?

16. 로그함수와 지수함수의 성질을 이용하여 답하시오

(1) $\ln(e^2)^{10}$의 값은 얼마인가?

(2) $\log_{10}50$을 자연로그($\ln$)를 이용하여 나타내시오.

(3) $\log_{10}2 + \log_{10}5 = \log_{10}(a)$에서 a의 값은 얼마인가?

(4) $f(x) = ce^{mx}$일 때 $f(0) = 4$이고 $f(10) = 1$이라면 c와 m의 값을 구하시오.

17. 만일 A씨가 5000만원을 투자하려고 하는데 아래의 세 가지 대안 중 어느 것을 택할지 고민하고 있다.

대안 1 : 투자기간은 5년이며 연 10%의 이자율로 반년에 한 번씩 이자를 계산하여 원금에 합산

대안 2 : 투자기간은 5년이며 연 8%의 이자율로 이자를 3개월에 한 번씩 계산하여 원금에 합산

대안 3 : 투자기간은 5년이며 연 7%의 이자율로 이자를 매 순간 계산하여 원금에 합산

각 대안의 원리합계를 계산하고 만일 여러분이 투자 상담을 한다면 어느 대안을 추천하겠는가?

18. 1억 원을 투자하는 경우 연 10%의 이자율로 일 년에 두 번 이자계산을 하여 원금에 가산을 해주는 투자 상품이 있다. t년 후의 투자가치(원리합계)를 구하시오.

Chapter 7

행렬

제 1 절 행렬의 정의

행렬(matrix)는 숫자, 문자, 기호, 수식 등을 사각형 형태로 순서 있게 배열하여 괄호로 묶어 표시한 것이다. 예를 들면

$$\mathrm{A} = \begin{pmatrix} 5 & 3 & 2 \\ 7 & 1 & 4 \end{pmatrix}, \quad \mathrm{B} = \begin{pmatrix} a & b \\ c & d \end{pmatrix}$$

는 행렬이며, 괄호안의 숫자나 문자들과 같이 행렬을 구성하는 요소들을 원소(element)라고 한다. 행렬의 가로줄을 행(row), 세로줄을 열(column)이라고 한다. 행렬에서 i번째 행과 j번째 열이 교차하는 곳에 있는 원소를 그 행렬의 (i, j)원소라고 한다. 예를 들어 위에 있는 행렬 A에서 행렬의 원소는 5, 3, 2, 7, 1, 4이고, 행의 개수는 2개이고, 열의 개수는 3개이다. 또한 (1, 2)원소는 3이고 (2, 3)원소는 4이다.

m개의 행과 n개의 열로 이루어진 행렬을 $m \times n$행렬(m by n matrix)이라고 한다. 여기서 $m \times n$은 행렬의 크기를 나타내기 위한 표현방법이다.

행렬은 일반적으로 알파벳 대문자로 표기하며 행렬 A의 (i, j)원소를 a_{ij}라고 하면 $m \times n$행렬 A는 다음과 같이 표현할 수 있다.

$$\mathrm{A} = \begin{pmatrix} a_{11} & a_{12} & \cdots & a_{1n} \\ a_{21} & a_{22} & \cdots & a_{2n} \\ \vdots & \vdots & \cdots & \vdots \\ a_{m1} & a_{m2} & \cdots & a_{mn} \end{pmatrix}$$

여기서 a_{ij}의 첨자 i는 행의 번호를 의미하며 j는 열의 번호를 의미한다.

행의 개수가 n이고 열의 개수도 n으로 행의 개수와 열의 개수가 같은 행렬을 n차 정방행렬(square matrix)이라고 한다. 다음은 4차 정방행렬의 예이다.

$$S = \begin{bmatrix} 1 & 4 & 3 & 2 \\ 5 & 8 & 7 & 9 \\ 10 & 14 & 11 & 17 \\ 13 & 19 & 15 & 18 \end{bmatrix}$$

하나의 행으로만 이루어진 행렬, 즉, $1 \times n$행렬을 행벡터(row vector)라 하고, 하나의 열로만 이루어진 행렬, 즉, $m \times 1$행렬을 열벡터(column vector) 라고 한다. 다음 예에서 A는 행벡터이며 B는 열벡터이다.

$$A = \begin{pmatrix} 1 & 2 & 3 \end{pmatrix} \qquad B = \begin{pmatrix} 1 \\ 2 \\ 3 \end{pmatrix}$$

제 2 절 행렬의 연산

행렬의 연산에는 행렬의 덧셈, 뺄셈, 곱셈이 있다.

행렬의 상등

두 행렬 A와 B의 행의 개수와 열의 개수가 같으면 이 두 행렬은 크기 같은 행렬이다. 또한 두 행렬이 크기가 같으며 서로 대응되는 원소가 모두 같은 경우 행렬 A와 B를 '서로 같다(상등)'이라고 하고

$$A = B$$

로 나타낸다. 다시 말해 행렬 A가 $m \times n$행렬이고 행렬 B도 $m \times n$행렬인 경우, 모든 i와 j에 대하여 A 행렬의 i번째 행과 j번째 열의 원소인 a_{ij}와 B 행렬의 i번째 행과 j번째 열의 원소인 b_{ij}가 같으면 행렬 A와 B는 상등이 된다.

예제

7-1. 두 행렬 A와 B가 다음과 같을 때 A=B를 만족하는 a, b, c, d 값을 구하시오.

$$A = \begin{pmatrix} 2a+1 & 2b \\ 4a & d+3 \end{pmatrix}, \quad B = \begin{pmatrix} -1 & 3b-1 \\ -2c & 5 \end{pmatrix}$$

풀이

A=B이므로 행렬 A와 행렬 B의 서로 대응하는 원소가 같아야 한다. 따라서 $2a+1=-1$에서 $a=-1$, $2b=3b-1$에서 $b=1$, $4a=-2c$에서 $c=2$, $d+3=5$에서 $d=2$가 된다.

행렬의 덧셈과 뺄셈

행렬 A와 행렬 B의 덧셈과 뺄셈을 하려면 두 행렬 A와 B의 크기가 같아야 한다. 다시 말해 행렬 A가 $m \times n$행렬이라면 행렬 B도 $m \times n$행렬이어야만 덧셈과 뺄셈을 할 수 있다. 두 행렬 A와 B 간의 덧셈 또는 뺄셈은 서로 대응하는 원소 간에 덧셈 또는 뺄셈을 하면 된다.

예를 들어, 두 행렬 A와 B가 다음과 같다고 하자.

$$A = \begin{pmatrix} a_{11} & a_{12} \\ a_{21} & a_{22} \end{pmatrix}, \quad B = \begin{pmatrix} b_{11} & b_{12} \\ b_{21} & b_{22} \end{pmatrix}$$

두 행렬 A와 B의 덧셈은 다음과 같다.

$$A + B = \begin{pmatrix} a_{11} & a_{12} \\ a_{21} & a_{22} \end{pmatrix} + \begin{pmatrix} b_{11} & b_{12} \\ b_{21} & b_{22} \end{pmatrix} = \begin{pmatrix} a_{11}+b_{11} & a_{12}+b_{12} \\ a_{21}+b_{21} & a_{22}+b_{22} \end{pmatrix}$$

두 행렬 A와 B의 뺄셈은 다음과 같다.

$$A - B = \begin{pmatrix} a_{11} & a_{12} \\ a_{21} & a_{22} \end{pmatrix} - \begin{pmatrix} b_{11} & b_{12} \\ b_{21} & b_{22} \end{pmatrix} = \begin{pmatrix} a_{11}-b_{11} & a_{12}-b_{12} \\ a_{21}-b_{21} & a_{22}-b_{22} \end{pmatrix}$$

예제

7-2. 두 행렬 A와 B가 다음과 같을 때 A+B와 A−B를 구하시오.

$$A = \begin{pmatrix} 1 & 2 \\ 4 & 3 \end{pmatrix}, \quad B = \begin{pmatrix} 2 & 3 \\ 1 & 5 \end{pmatrix}$$

풀이

$$A + B = \begin{pmatrix} 1 & 2 \\ 4 & 3 \end{pmatrix} + \begin{pmatrix} 2 & 3 \\ 1 & 5 \end{pmatrix} = \begin{pmatrix} 1+2 & 2+3 \\ 4+1 & 3+5 \end{pmatrix} = \begin{pmatrix} 3 & 5 \\ 5 & 8 \end{pmatrix}$$

$$A - B = \begin{pmatrix} 1 & 2 \\ 4 & 3 \end{pmatrix} - \begin{pmatrix} 2 & 3 \\ 1 & 5 \end{pmatrix} = \begin{pmatrix} 1-2 & 2-3 \\ 4-1 & 3-5 \end{pmatrix} = \begin{pmatrix} -1 & -1 \\ 3 & -2 \end{pmatrix}$$

One More 정리

행렬 A, B, C가 같은 크기인 경우 다음과 같은 법칙이 성립한다.

(1) A+B=B+A (교환법칙)　　(2) (A+B)+C=A+(B+C) (결합법칙)

실수와 행렬의 곱셈

행렬 A가 주어졌을 때 A+A를 고려하면 덧셈의 결과로 얻어지는 행렬의 모든 원소는 행렬 A의 원소의 두 배가 된다. 이런 경우 A+A=2A와 같이 나타낼 수 있다. 여기서 2는 행렬과 구분하기 위하여 스칼라(scalar)라 부른다. 임의의 스칼라 k와 행렬 A의 곱을 스칼라배(scalar multiple)라 하고 kA로 나타낸다.

예를 들어 $A = \begin{pmatrix} a_{11} & a_{12} \\ a_{21} & a_{22} \end{pmatrix}$이면

$$kA = \begin{pmatrix} ka_{11} & ka_{12} \\ ka_{21} & ka_{22} \end{pmatrix}$$ 가 된다.

One More **정 리**

행렬 A와 B가 같은 크기이며 s와 t가 스칼라인 경우 다음이 성립한다.

(a) $(st)A = s(tA)$

(b) $(s + t)A = sA + tA$

(c) $s(A + B) = sA + sB$

예 제

7-3. 두 행렬 A와 B가 다음과 같을 때 물음에 답하시오.

$$A = \begin{pmatrix} 5 & 2 \\ -4 & 3 \end{pmatrix}, \qquad B = \begin{pmatrix} 3 & 2 \\ 5 & 6 \end{pmatrix}$$

(1) A + 2B = X를 만족하는 X를 구하시오.

(2) 2A − B = X를 만족하는 X를 구하시오.

풀 이

(1) $X = A + 2B = \begin{pmatrix} 5 & 2 \\ -4 & 3 \end{pmatrix} + (2)\begin{pmatrix} 3 & 2 \\ 5 & 6 \end{pmatrix} = \begin{pmatrix} 5 & 2 \\ -4 & 3 \end{pmatrix} + \begin{pmatrix} 6 & 4 \\ 10 & 12 \end{pmatrix} = \begin{pmatrix} 11 & 6 \\ 6 & 15 \end{pmatrix}$

(2) $X = 2A - B = (2)\begin{pmatrix} 5 & 2 \\ -4 & 3 \end{pmatrix} - \begin{pmatrix} 3 & 2 \\ 5 & 6 \end{pmatrix} = \begin{pmatrix} 10 & 4 \\ -8 & 6 \end{pmatrix} - \begin{pmatrix} 3 & 2 \\ 5 & 6 \end{pmatrix} = \begin{pmatrix} 7 & 2 \\ -13 & 0 \end{pmatrix}$

예제

7-4. 두 행렬 A, B, C가 다음과 같을 때 xA$+y$B$=$C를 만족하는 x와 y값을 구하시오.

$$A = \begin{pmatrix} 1 & 0 \\ 0 & 1 \end{pmatrix}, \quad B = \begin{pmatrix} 2 & 1 \\ 1 & 2 \end{pmatrix}, \quad C = \begin{pmatrix} 5 & 2 \\ 2 & 5 \end{pmatrix}$$

풀이

$x\mathrm{A}+y\mathrm{B}=\begin{pmatrix} x & 0 \\ 0 & x \end{pmatrix}+\begin{pmatrix} 2y & y \\ y & 2y \end{pmatrix}=\begin{pmatrix} x+2y & y \\ y & x+2y \end{pmatrix}=\begin{pmatrix} 5 & 2 \\ 2 & 5 \end{pmatrix}=\mathrm{C}$ 이므로

$x+2y=5$, $y=2$의 방정식을 풀면 $y=2$이고 $x=1$ 이 된다.

행렬의 곱셈

다음과 같이 1×3 행렬 A와 3×1 행렬 B가 주어졌을 때,

$$A = (a_1 \;\; a_2 \;\; a_3), \; B = \begin{pmatrix} b_1 \\ b_2 \\ b_3 \end{pmatrix}$$

행렬 A와 행렬 B의 곱은 다음과 같이 정의 된다.

$$A \times B = (a_1 \;\; a_2 \;\; a_3) \times \begin{pmatrix} b_1 \\ b_2 \\ b_3 \end{pmatrix} = (a_1 \times b_1 \; + \; a_2 \times b_2 \; + \; a_3 \times b_3)$$

임의의 두 행렬 A와 B 간에 행렬의 곱셈이 정의되려면 행렬 A의 열의 개수와 행렬 B의 행의 개수가 같아야 하고, A × B는 크기가 A의 행의 개수와 B의 열의 개수인 행렬이 된다. 다시 말해 행렬 A가 $m \times k$행렬이고 행렬 B는 $k \times n$행렬이면 두 행렬 A와 B의 곱이 정의될 수 있고 A × B는 $m \times n$행렬이 된다.

두 행렬 A와 B의 곱셈에서 A × B의 (i, j)원소는 A의 i행벡터와 B의 j열벡터를 곱한 값이다. 예를 들어 두 행렬 A와 B가 다음과 같다고 하자.

$$A = \begin{pmatrix} a_{11} & a_{12} & a_{13} \\ a_{21} & a_{22} & a_{23} \end{pmatrix}, \quad B = \begin{pmatrix} b_{11} & b_{12} \\ b_{21} & b_{22} \\ b_{31} & b_{32} \end{pmatrix}$$

그러면 두 행렬 A와 B의 곱셈은 다음과 같이 2×2인 행렬이 된다.

$$A \times B = \begin{pmatrix} a_{11} \times b_{11} + a_{12} \times b_{21} + a_{13} \times b_{31} & a_{11} \times b_{12} + a_{12} \times b_{22} + a_{13} \times b_{32} \\ a_{21} \times b_{11} + a_{22} \times b_{21} + a_{23} \times b_{31} & a_{21} \times b_{12} + a_{22} \times b_{22} + a_{23} \times b_{32} \end{pmatrix}$$

일반적으로 행렬의 곱 AB가 정의된다면 A의 열의 개수와 B의 행의 개수가 같아야 된다. 즉, 행렬 A의 크기가 $(m \times k)$이라면 행렬 B의 행의 개수는 k개이어야 한다. 따라서 행렬 B의 크기가 $(k \times n)$이어야 한다. 여기서 m, k와 n은 임의의 자연수이다.

$$A = \begin{pmatrix} a_{11} & a_{12} \cdots & a_{1k} \\ a_{21} & a_{22} \cdots & a_{2k} \\ \vdots & \vdots & \vdots \\ a_{m1} & a_{m2} \cdots & a_{mk} \end{pmatrix}, \qquad B = \begin{pmatrix} b_{11} & b_{12} \cdots & b_{1n} \\ b_{21} & b_{22} \cdots & b_{2n} \\ \vdots & \vdots & \vdots \\ b_{k1} & b_{k2} \cdots & b_{kn} \end{pmatrix}$$

이면

$$AB = \begin{pmatrix} \sum_{i=1}^{k} a_{1i} b_{i1} & \sum_{i=1}^{k} a_{1i} b_{i2} & \cdots & \sum_{i=1}^{k} a_{1i} b_{in} \\ \sum_{i=1}^{k} a_{2i} b_{i1} & \sum_{i=1}^{k} a_{2i} b_{i2} & \cdots & \sum_{i=1}^{k} a_{2i} b_{in} \\ \vdots & \vdots & & \vdots \\ \sum_{i=1}^{k} a_{mi} b_{i1} & \sum_{i=1}^{k} a_{mi} b_{i2} & \cdots & \sum_{i=1}^{k} a_{mi} b_{in} \end{pmatrix}$$

가 되어 AB는 $(m \times n)$행렬임을 알 수 있다.

예 제

7-5. 두 행렬 A와 B가 다음과 같을 때 A × B를 구하시오.

$$\mathrm{A} = \begin{pmatrix} 5 & 2 \\ -4 & 3 \end{pmatrix}, \quad \mathrm{B} = \begin{pmatrix} 3 & 2 \\ 5 & 6 \end{pmatrix}$$

풀 이

$$\mathrm{AB} = \begin{pmatrix} 5 & 2 \\ -4 & 3 \end{pmatrix}\begin{pmatrix} 3 & 2 \\ 5 & 6 \end{pmatrix} = \begin{pmatrix} 25 & 22 \\ 3 & 10 \end{pmatrix}$$

7-6.

다음 연립방정식을 AX=B의 형태로 나타내시오. 단, $\mathrm{X} = \begin{pmatrix} x_1 \\ x_2 \\ x_3 \end{pmatrix}$으로 정의한다.

$$\begin{aligned} 2x_1 + 4x_2 + x_3 &= 10 \\ x_1 - 3x_2 + 2x_3 &= 3 \\ 6x_1 + x_2 - 10x_3 &= 13 \end{aligned}$$

풀 이

$\mathrm{A} = \begin{pmatrix} 2 & 4 & 1 \\ 1 & 3 & 2 \\ 6 & 1 & -10 \end{pmatrix}$, $\mathrm{B} = \begin{pmatrix} 10 \\ 3 \\ 13 \end{pmatrix}$로 설정한다면 연립방정식은 AX=B로 나타낼 수 있다.

One More 정 리

행렬 A, B, C가 주어졌을 때 행렬의 연산에는 다음과 같은 법칙이 성립한다.

(1) $(k\mathrm{A})\mathrm{B} = \mathrm{A}(k\mathrm{B})$(여기서 k는 스칼라임)

(2) (AB)C = A(BC)

(3) (A + B)C = AC + BC

(4) A(B + C) = AB + AC

일반적인 숫자나 문자의 곱셈에서는 교환법칙이 성립하였으나 행렬의 곱셈에서는 교환법칙이 성립되지 않는다.

예 제

7-7. 두 행렬 A와 B가 다음과 같을 때 $A \times B$와 $B \times A$가 같지 않음을 보이시오.

$$A = \begin{pmatrix} 1 & 2 \\ 4 & 3 \end{pmatrix}, \quad B = \begin{pmatrix} 2 & 3 \\ 1 & 5 \end{pmatrix}$$

풀 이

$$A \times B = \begin{pmatrix} 1 & 2 \\ 4 & 3 \end{pmatrix} \times \begin{pmatrix} 2 & 3 \\ 1 & 5 \end{pmatrix} = \begin{pmatrix} 1 \times 2 + 2 \times 1 & 1 \times 3 + 2 \times 5 \\ 4 \times 2 + 3 \times 1 & 4 \times 3 + 3 \times 5 \end{pmatrix} = \begin{pmatrix} 4 & 13 \\ 11 & 27 \end{pmatrix}$$ 이며

$$B \times A = \begin{pmatrix} 2 & 3 \\ 1 & 5 \end{pmatrix} \times \begin{pmatrix} 1 & 2 \\ 4 & 3 \end{pmatrix} = \begin{pmatrix} 2 \times 1 + 3 \times 4 & 2 \times 2 + 3 \times 3 \\ 1 \times 1 + 5 \times 4 & 1 \times 2 + 5 \times 3 \end{pmatrix} = \begin{pmatrix} 14 & 13 \\ 21 & 17 \end{pmatrix}$$ 이므로

$A \times B \neq B \times A$임을 알 수 있다.

제 3 절 단위행렬 · 전치행렬 · 역행렬

단위행렬

단위행렬(identity matrix, unit matrix)은 $n \times n$ 정방행렬에서 대각선상의 원소가 모두 1이고, 그 밖의 모든 원소는 0인 행렬을 말하며, I_n으로 표기한다. 3×3 정방행렬에 대한 단위행렬은 다음과 같다.

$$I_3 = \begin{pmatrix} 1 & 0 & 0 \\ 0 & 1 & 0 \\ 0 & 0 & 1 \end{pmatrix}$$

$m \times n$행렬인 A가 주어졌을 때, 두 행렬 A, I_n간의 행렬 곱셈이나 I_m과 A간의 행렬의 곱은 모두 A가 된다. 즉 다음과 같다.

$$A \times I_n = I_m \times A = A$$

예 제

7-8. 두 행렬 $A = \begin{pmatrix} 1 & 2 \\ 3 & 4 \end{pmatrix}$, $I_2 = \begin{pmatrix} 1 & 0 \\ 0 & 1 \end{pmatrix}$에 대하여 $A \times I_n = A$이고 $I_n \times A = A$임을 보이시오.

풀 이

$$A \times I_n = \begin{pmatrix} 1 & 2 \\ 3 & 4 \end{pmatrix} \times \begin{pmatrix} 1 & 0 \\ 0 & 1 \end{pmatrix} = \begin{pmatrix} 1 \times 1 + 2 \times 0 & 1 \times 0 + 2 \times 1 \\ 3 \times 1 + 4 \times 0 & 3 \times 0 + 4 \times 1 \end{pmatrix} = \begin{pmatrix} 1 & 2 \\ 3 & 4 \end{pmatrix} = A$$

$$I_n \times A = \begin{pmatrix} 1 & 0 \\ 0 & 1 \end{pmatrix} \times \begin{pmatrix} 1 & 2 \\ 3 & 4 \end{pmatrix} = \begin{pmatrix} 1 \times 1 + 0 \times 3 & 1 \times 2 + 0 \times 4 \\ 0 \times 1 + 1 \times 3 & 0 \times 2 + 1 \times 4 \end{pmatrix} = \begin{pmatrix} 1 & 2 \\ 3 & 4 \end{pmatrix} = A$$

전치행렬

크기가 $m \times n$인 행렬 A가 있을 때 이 행렬의 전치행렬(transpose matrix)은 A 행렬의 행과 열을 서로 바꾸어 만든 행렬로서 크기는 $n \times m$이 된다. 행렬 A의 전치행렬은 A^T, A'으로 표기한다. 예를 들어 $A = \begin{pmatrix} 1 & 2 & 4 \\ 3 & 4 & 5 \end{pmatrix}$일 때, $A^T = \begin{pmatrix} 1 & 3 \\ 2 & 4 \\ 4 & 5 \end{pmatrix}$가 된다.

One More 정리

행렬 A와 B에 대하여 A + B와 AB가 존재하면 다음이 성립한다.

(1) $(A^T)^T = A$　　(2) $(A + B)^T = A^T + B^T$

(3) $(kA)^T = kA^T$　　(4) $(AB)^T = B^T A^T$

예를 들어 $A = \begin{pmatrix} 1 & 2 & 4 \\ 3 & 4 & 5 \end{pmatrix}$일 때 $(A^T)^T = \begin{pmatrix} 1 & 3 \\ 2 & 4 \\ 4 & 5 \end{pmatrix}^T = \begin{pmatrix} 1 & 2 & 4 \\ 3 & 4 & 5 \end{pmatrix} = A$가 됨을 알 수 있다.

예제

7-9. 다음에 주어진 행렬의 전치행렬을 구하시오.

(1) $A = \begin{pmatrix} 3 & 5 & 6 \\ 2 & 3 & 5 \end{pmatrix}$　　(2) $B = \begin{pmatrix} 1 & -2 \\ 2 & -3 \\ -1 & 4 \end{pmatrix}$

(3) $C = \begin{pmatrix} 1 & 2 & 2 \\ 2 & 1 & 1 \\ 1 & 2 & 1 \end{pmatrix}$　　(4) $D = \begin{pmatrix} 5 & 2 \\ 5 & 3 \end{pmatrix}$

풀이

(1) $A^T = \begin{pmatrix} 3 & 2 \\ 5 & 3 \\ 6 & 5 \end{pmatrix}$　(2) $B^T = \begin{pmatrix} 1 & 2 & -1 \\ -2 & -3 & 4 \end{pmatrix}$　(3) $C^T = \begin{pmatrix} 1 & 2 & 1 \\ 2 & 1 & 2 \\ 2 & 1 & 1 \end{pmatrix}$　(4) $D^T = \begin{pmatrix} 5 & 5 \\ 2 & 3 \end{pmatrix}$

역행렬

$n \times n$ 정방행렬인 A 행렬에 대해서

$$A \times B = B \times A = I$$

를 만족시키는 $n \times n$ 정방행렬 B를 행렬 A의 역행렬(inverse matrix)이라고 하며, 기호는 A^{-1}로 표시한다. 즉 B 행렬은 A^{-1}이 된다. 마찬가지로 행렬 A는 행렬 B의 역행렬이 되며, 기호는 B^{-1}로 표시한다. 그러므로 위의 식을 다음과 같이 표현할 수 있다.

$$A \times A^{-1} = A^{-1} \times A = I$$

크기가 2×2인 정방행렬 $A = \begin{pmatrix} a_{11} & a_{12} \\ a_{21} & a_{22} \end{pmatrix}$가 주어졌을 때 A의 역행렬이 존재한다고 가정하자. A의 역행렬을 $A^{-1} = \begin{pmatrix} x_{11} & x_{12} \\ x_{21} & x_{22} \end{pmatrix}$ 라고 하면 $A \times A^{-1} = I$가 되므로 다음이 성립된다.

$$\begin{pmatrix} a_{11} & a_{12} \\ a_{21} & a_{22} \end{pmatrix} \times \begin{pmatrix} x_{11} & x_{12} \\ x_{21} & x_{22} \end{pmatrix} = \begin{pmatrix} 1 & 0 \\ 0 & 1 \end{pmatrix}$$

위 식의 왼쪽에 있는 행렬의 곱셈의 결과와 오른쪽이 같으므로 다음과 같이 표현할 수 있다.

$$\begin{aligned} a_{11}x_{11} + a_{12}x_{21} &= 1 \\ a_{11}x_{12} + a_{12}x_{22} &= 0 \\ a_{12}x_{11} + a_{22}x_{21} &= 0 \\ a_{12}x_{12} + a_{22}x_{22} &= 1 \end{aligned}$$

x_{11}, x_{12}, x_{21}, x_{22}라는 미지수 4개에 대해서 연립방정식이 4개가 있으므로, 4개의 미지수를 다음과 같이 구할 수 있다.

$$x_{11} = \frac{a_{22}}{a_{11}a_{22} - a_{12}a_{21}}$$

$$x_{12} = \frac{-a_{12}}{a_{11}a_{22} - a_{12}a_{21}}$$

$$x_{21} = \frac{-a_{21}}{a_{11}a_{22} - a_{12}a_{21}}$$

$$x_{22} = \frac{a_{11}}{a_{11}a_{22} - a_{12}a_{21}}$$

따라서 A 행렬의 역행렬이 존재하려면 $a_{11}a_{22} - a_{12}a_{21} \neq 0$ 이어야 하며, A 행렬의 역행렬 A^{-1}은 $\frac{1}{a_{11}a_{22} - a_{12}a_{21}}\begin{pmatrix} a_{22} & -a_{12} \\ -a_{21} & a_{11} \end{pmatrix}$이 된다.

예 제

7-10. $A = \begin{pmatrix} 1 & 2 \\ 3 & 4 \end{pmatrix}$일 때, A의 역행렬을 구하시오.

풀 이

$A = \begin{pmatrix} 1 & 2 \\ 3 & 4 \end{pmatrix}$일 때, A의 역행렬을 구하면 다음과 같다.

$$A^{-1} = \frac{1}{1\times 4 - 2\times 3}\begin{pmatrix} 4 & -2 \\ -3 & 1 \end{pmatrix} = \frac{1}{-2}\begin{pmatrix} 4 & -2 \\ -3 & 1 \end{pmatrix} = \begin{pmatrix} -2 & 1 \\ 1.5 & -0.5 \end{pmatrix}$$

7-11. 행렬 $A = \begin{pmatrix} 2 & 3 \\ 5 & 9 \end{pmatrix}$에 대하여 행렬 $B = \frac{1}{3}\begin{pmatrix} 9 & -3 \\ -5 & 2 \end{pmatrix}$가 역행렬 임을 보이시오.

풀 이

$AB = \frac{1}{3}\begin{pmatrix} 2 & 3 \\ 5 & 9 \end{pmatrix}\begin{pmatrix} 9 & -3 \\ -5 & 2 \end{pmatrix} = \frac{1}{3}\begin{pmatrix} 3 & 0 \\ 0 & 3 \end{pmatrix} = \begin{pmatrix} 1 & 0 \\ 0 & 1 \end{pmatrix} = I$ 가 성립되어 B는 A의 역행렬이 된다.

역행렬은 다음과 같은 성질을 갖는다.

One More 정 리

(1) A의 역행렬 A^{-1}이 존재하면 $(A^{-1})^{-1} = A$ 가 성립한다.

(2) A의 역행렬 A^{-1}이 존재하면 $(kA)^{-1} = \frac{1}{k}A^{-1}$이 성립한다. 단, k는 스칼라 값이다.

(3) A와 B의 역행렬 A^{-1}과 B^{-1}이 존재하면 $(AB)^{-1} = B^{-1}A^{-1}$이 성립된다.

연립방정식이 주어졌을 때 역행렬을 이용하면 연립방정식을 쉽게 풀 수 있다. 미지수가 n개인 연립방정식이 다음과 같이 주어졌다고 하자.

$$\begin{cases} a_{11}x_1 + a_{12}x_2 + \cdots + a_{1n}x_n = b_1 \\ a_{21}x_1 + a_{22}x_2 + \cdots + a_{2n}x_n = b_1 \\ \qquad\qquad \vdots \\ a_{n1}x_1 + a_{n2}x_2 + \cdots + a_{nn}x_n = b_n \end{cases}$$

만일 행렬 A, X, B가

$$A = \begin{pmatrix} a_{11} & a_{12} & \cdots & a_{1n} \\ a_{21} & a_{22} & \cdots & a_{2n} \\ \vdots & \vdots & \cdots & \vdots \\ a_{n1} & a_{n2} & \cdots & a_{nn} \end{pmatrix}, \quad X = \begin{pmatrix} x_1 \\ x_2 \\ \cdots \\ x_n \end{pmatrix}, \quad B = \begin{pmatrix} b_1 \\ b_2 \\ \cdots \\ b_n \end{pmatrix}$$

와 같이 정의된다면 이 방정식은 AX = B와 같이 나타낼 수 있다. 따라서 이 방정식의 해 x는 A의 역행렬을 이용하여 다음과 같이 구할 수 있다.

$$AX = B \Rightarrow A^{-1}AX = A^{-1}B \Rightarrow IX = A^{-1}B \Rightarrow X = A^{-1}B$$

예 제

7-12. 다음과 같이 미지수가 2개인 연립방정식을 AX = B의 형태로 표현하고 역행렬을 이용하여 해를 구하시오. 단, X = $\begin{pmatrix} x \\ y \end{pmatrix}$이다.

$$x + 3y = 3$$
$$3x + 4y = -2$$

풀 이

주어진 연립방정식을 행렬로 나타내면 다음과 같다.

$$A = \begin{pmatrix} 1 & 3 \\ 3 & 4 \end{pmatrix}, \quad X = \begin{pmatrix} x \\ y \end{pmatrix}, \quad B = \begin{pmatrix} 3 \\ -2 \end{pmatrix}$$

A= $\begin{pmatrix} 1 & 3 \\ 3 & 4 \end{pmatrix}$의 역행렬을 구하면 다음과 같다.

$$A^{-1} = \frac{1}{1\times 4 - 3\times 3}\begin{pmatrix} 4 & -3 \\ -3 & 1 \end{pmatrix} = \frac{1}{-5}\begin{pmatrix} 4 & -3 \\ -3 & 1 \end{pmatrix} = \begin{pmatrix} -0.8 & 0.6 \\ 0.6 & -0.2 \end{pmatrix}$$

따라서 연립방정식의 해 x는 다음과 같이 구할 수 있다.

$$X = \begin{pmatrix} x \\ y \end{pmatrix} = A^{-1}B = \begin{pmatrix} -0.8 & 0.6 \\ 0.6 & -0.2 \end{pmatrix}\begin{pmatrix} 3 \\ -2 \end{pmatrix} = \begin{pmatrix} -3.6 \\ 2.2 \end{pmatrix}$$

제 4 절 행렬의 응용

기업 경영이나 다양한 분야에서 발생하는 의사결정과 관련된 상황을 표현할 때 행렬을 이용하면 매우 간편하게 표현할 수 있다. 예를 들어 KTX 강릉선의 운행요금을 효율적으로 표현하는 방법을 생각해보면 총 10개의 역에 대하여 출발역과 도착역의 조합은 45개가 된다. 만일 출발역과 도착역을 일일이 열거하고 해당 요금을 나타낸다면 이용객들이 자신에게 해당되는 요금을 찾기가 쉽지 않을 것이다. 그러나 아래 그림과 같은 요금표를 제시한다면 편이하게 이용할 수 있을 것이다.

	서울	청량리	상봉	양평	만종	횡성	둔내	평창	진부	강릉
서울		8400	8400	8400	11400	13900	16800	19700	21900	27600
청량리			8400	8400	9700	12300	15200	18000	20300	26000
상봉				8400	9300	11900	14800	17600	19900	25600
양평					8400	8400	10200	13100	15300	21000
만종						8400	8400	8400	10600	16300
횡성							8400	8400	8400	13700
둔내								8400	8400	10800
평창									8400	8400
진부										8400
강릉										

예 제

7-13. 금융감독원 전자공시시스템에서 발표한 삼성전자의 2012년부터 2016년까지의 분기별 매출을 다음과 같이 행렬로 표현하였다(단위 : 조원). 물음에 답하시오.

	1분기	2분기	3분기	4분기
2012년	45	48	52	56
2013년	53	57	59	59
2014년	54	52	47	53
2015년	47	49	52	53
2016년	50	51	48	53

(1) 2013년 2분기의 매출은 얼마인가?

(2) 2016년 상반기 매출은 얼마인가?

(3) 매출액이 가장 작은 시기는 언제인가?

(4) 세 번째 행의 합계는 얼마이고, 그 값은 무엇을 의미하는가?

(5) 두 번째 열의 합계는 얼마이고, 그 값은 무엇을 의미하는가?

풀 이

(1) 2012년 2분기 매출은 57조이다.
(2) 상반기는 1분기와 2분기이므로 50+51=101조이다.
(3) 최솟값은 45조이고 이 시기는 2012년 1분기이다.
(4) 세 번째 행의 합계는 206조원이며, 이 값은 2014년도의 총매출액이다.
(5) 두 번째 열의 합계는 257조원이며, 이 값은 2012년부터 2016년까지 2분기의 매출액의 합이다.

예 제

7-14. 한밭가구는 가구만을 전문으로 제조하고 판매하는 기업이다. 가구를 생산하는데 소요되는 자재는 유리, 나무, 금속이며 세 종류의 가구를 생산하고 있다. 세 종류의 가구생산에 소요되는 자재의 양은 다음과 같다.

	유리	나무	금속
가구 A	20	15	10
가구 B	5	15	10
가구 C	5	0	10

만일 세 종류 자재의 단위가격이 각각 1만원, 2만원, 3만원이라면 각 가구를 생산하는데 소요되는 비용은 얼마인가?

풀 이

$$\begin{pmatrix} 20 & 15 & 10 \\ 5 & 15 & 10 \\ 5 & 0 & 10 \end{pmatrix} \times \begin{pmatrix} 1 \\ 2 \\ 3 \end{pmatrix} = \begin{pmatrix} 20\times1 + 15\times2 + 10\times3 \\ 5\times1 + 15\times2 + 10\times3 \\ 5\times1 + 0\times2 + 10\times3 \end{pmatrix} = \begin{pmatrix} 80 \\ 65 \\ 35 \end{pmatrix}$$

가구 A는 80만원, 가구 B는 65만원, 가구 C는 35만원이 소요된다.

예제

7-15. 다음은 H대학교 S3 건물 주차장에 주간과 야간에 주차되어 있는 차를 교직원용, 학생용, 일반인으로 구분하여 차량 대수를 정리한 것이다.

	교직원	학생	일반인
주간	150	250	10
야간	30	100	10

만일 주차요금을 교직원은 5000원, 학생은 2500원, 일반인 10000원을 받는다고 할 때, 주간과 야간의 주차수입은 각각 얼마인가?

풀이

위의 표에 있는 주차된 차를 행렬로 나타내면 $\begin{pmatrix} 150 & 250 & 10 \\ 30 & 100 & 10 \end{pmatrix}$가 되며 주차요금을 행렬로 나타내면 $\begin{pmatrix} 5000 \\ 2500 \\ 10000 \end{pmatrix}$와 같이 된다. 이를 이용하여 주간과 야간의 주차수입은 다음과 같이 계산할 수 있다.

$$\begin{pmatrix} 150 & 250 & 10 \\ 30 & 100 & 10 \end{pmatrix} \times \begin{pmatrix} 5000 \\ 2500 \\ 10000 \end{pmatrix} = \begin{pmatrix} 150 \times 5000 + 250 \times 2500 + 10 \times 10000 \\ 30 \times 5000 + 100 \times 2500 + 10 \times 10000 \end{pmatrix}$$

$$= \begin{pmatrix} 1385000 \\ 410000 \end{pmatrix}$$

주간은 138만 5천원, 야간은 41만원이며 총수입은 179만 5천원이다.

연습문제

1. (개념정리) 다음 물음에 답하시오.

(1) 하나의 행으로만 이루어진 행렬을 무엇이라 하는가?

(2) 행의 개수와 열의 개수가 같은 행렬을 무엇이라 하는가?

(3) $n \times n$ 정방행렬에서 대각선상의 원소가 모두 1이고, 그 밖의 모든 원소는 0인 행렬을 무엇이라 하는가?

(4) $n \times n$ 정방행렬 A에 대하여 AB = BA = I를 만족시키는 $n \times n$ 행렬 B가 존재할 때 행렬 B를 행렬 A의 무엇이라 하는가?

(5) $n \times m$인 행렬 A에 대하여 행과 열을 서로 바꾼 $m \times n$인 행렬을 무엇이라 하는가?

2. 만일 행렬 A가 $A = \begin{pmatrix} 4 & 3 & 2 & -2 \\ 3 & 7 & 4 & 2 \\ 1 & -4 & 5 & 6 \end{pmatrix}$ 라면 물음에 답하시오.

(1) 행(row)과 열(column)의 개수는 각 각 얼마인가?

(2) (3, 2)원소와 (3, 4)원소는 각 각 얼마인가?

(3) 원소의 개수는 얼마인가?

(4) 이 행렬의 크기는 얼마인가?

3. A = $\begin{pmatrix} 5 & 6 \\ 7 & 8 \end{pmatrix}$, B = $\begin{pmatrix} 1 & 2 \\ 3 & 4 \end{pmatrix}$일 때, 다음을 구하시오.

(1) A + B

(2) A − B

(3) 2A + B

(4) 2A − B

(5) A − 2B

4. 다음을 만족하는 *a*, *b*, *c*, *d*를 구하시오.

(1) $\begin{pmatrix} 5 & a \\ b & 8 \end{pmatrix} = \begin{pmatrix} c & 2 \\ 3 & d \end{pmatrix}$

(2) $\begin{pmatrix} a & 10 \\ 5 & d \end{pmatrix} = \begin{pmatrix} 11 & b \\ c & 3 \end{pmatrix}$

(3) $\begin{pmatrix} 2a & c-d \\ c+d & 3 \end{pmatrix} = \begin{pmatrix} -2 & 5 \\ 6 & b \end{pmatrix}$

(4) $\begin{pmatrix} 3a & 5c+2 \\ -2a & d-3 \end{pmatrix} = \begin{pmatrix} 3 & 3c \\ 2b+1 & 4 \end{pmatrix}$

(5) $\begin{pmatrix} 2a & a+b \\ c-d & d \end{pmatrix} = \begin{pmatrix} c & 8 \\ 6 & 2 \end{pmatrix}$

5. 다음을 구하시오.

(1) $(1 \;\; 2 \;\; 3) \times \begin{pmatrix} 1 \\ 2 \\ 3 \end{pmatrix}$

(2) $(1 \;\; 2 \;\; 3) \times \begin{pmatrix} 1 & 4 \\ 2 & 5 \\ 3 & 6 \end{pmatrix}$

(3) $\begin{pmatrix} 1 & 2 & 3 \\ 4 & 5 & 6 \end{pmatrix} \times \begin{pmatrix} 1 \\ 2 \\ 3 \end{pmatrix}$

(4) $\begin{pmatrix} 1 & 2 & 3 \\ 4 & 5 & 6 \end{pmatrix} \times \begin{pmatrix} 1 & 4 \\ 2 & 5 \\ 3 & 6 \end{pmatrix}$

(5) $\begin{pmatrix} 1 & 2 \\ 4 & 5 \end{pmatrix} \times \begin{pmatrix} 1 & 4 \\ 3 & 6 \end{pmatrix}$

6. 다음의 역행렬을 구하시오

(1) $\begin{pmatrix} 5 & 6 \\ 7 & 8 \end{pmatrix}$ (2) $\begin{pmatrix} 1 & 0 \\ 0 & 1 \end{pmatrix}$ (3) $\begin{pmatrix} 2 & 3 \\ 0 & 7 \end{pmatrix}$

(4) $\begin{pmatrix} 4 & -3 \\ 1 & 2 \end{pmatrix}$ (5) $\begin{pmatrix} 2 & 1 \\ 0 & 3 \end{pmatrix}$

7. 두 행렬 A와 B가 다음과 같을 때 $(A+B)^{-1}$이 $A^{-1}+B^{-1}$과 같지 않음을 보이시오.

$$A = \begin{pmatrix} 1 & 2 \\ 4 & 3 \end{pmatrix}, \quad B = \begin{pmatrix} 2 & 3 \\ 1 & 5 \end{pmatrix}$$

8. 다음의 전치행렬을 구하시오.

(1) $\begin{pmatrix} 1 & 2 & 3 \\ 4 & 5 & 6 \end{pmatrix}$ (2) $\begin{pmatrix} 1 & 4 \\ 2 & 5 \\ 3 & 6 \end{pmatrix}$ (3) $\begin{pmatrix} 1 & 0 \\ 0 & 1 \end{pmatrix}$

(4) $\begin{pmatrix} 1 & 0 \\ 1 & 1 \end{pmatrix}$ (5) $\begin{pmatrix} 3 & 2 \\ 2 & 4 \end{pmatrix}$

9. 다음 연립방정식을 행렬로 나타내고 역행렬을 이용하여 해를 구하시오.

(1) $\begin{cases} 2x+3y=4 \\ x+4y=-2 \end{cases}$ (2) $\begin{cases} 2x-3y=6 \\ 2x+4y=3 \end{cases}$ (3) $\begin{cases} -x+2y=3 \\ 2x+y=2 \end{cases}$

10. 한국상사가 판매하고 있는 제품 A, B, C, D의 지난 1사분기(1월, 2월, 3월) 동안 판매대수를 행렬로 나타내면 다음과 같았다.

$$
\begin{array}{cc} & \begin{array}{cccc} \text{A} & \text{B} & \text{C} & \text{D} \end{array} \\ \text{연도} \begin{array}{c} 1\text{월} \\ 2\text{월} \\ 3\text{월} \end{array} & \begin{pmatrix} 20 & 50 & 140 & 100 \\ 10 & 40 & 120 & 80 \\ 30 & 60 & 100 & 70 \end{pmatrix} \end{array}
$$

(1) 1월에 제품 B의 판매대수는 얼마인가?

(2) 제품 C의 1사분기 판매 대수는 얼마인가?

(3) 각 행을 R_1, R_2, R_3라고 할 때 $R_1 + R_2 + R_3$를 계산하고 그 의미를 설명하시오.

(4) 만일 A, B, C, D의 가격이 각각 10만원, 20만원, 30만원, 40만원이라고 하면 각 월별 총 매출액을 계산할 수 있는 행렬의 계산식을 작성하시오.

11. 한국전산은 기업의 전산시스템을 개발해주는 회사이다. 이 회사는 3개의 지사를 갖고 있으며 각 지사에는 세 직급별 사원들이 근무하고 있다. 이를 행렬로 나타내면 다음과 같다.

$$
\begin{array}{cc} & \begin{array}{ccc} \text{서울} & \text{대전} & \text{광주} \end{array} \\ \text{직급} \begin{array}{c} \text{관리직} \\ \text{개발직} \\ \text{영업직} \end{array} & \begin{bmatrix} 20 & 5 & 5 \\ 10 & 15 & 10 \\ 30 & 20 & 15 \end{bmatrix} \end{array}
$$

(1) 대전지사에 근무하는 영업직 사원은 몇 명인가?

(2) 각 행을 R_1, R_2, R_3라고 할 때 $R_1 + R_2 + R_3$를 계산하고 그 의미를 설명하시오.

(3) 만일 직급별 월 급여가 관리직은 500만원, 개발직은 600만원, 영업직은 700만원이라고 한다면 지사별 월급여의 총액을 계산하기 위한 행렬의 계산식을 작성하시오.

Chapter 8

함수의 미분과 활용

- ❑ 제1절 극한과 도함수
- ❑ 제2절 미분공식과 성질
- ❑ 제3절 합성함수의 도함수와 고차 도함수
- ❑ 제4절 도함수의 활용
- ❑ 제5절 함수의 극대・극소
- ❑ 연습문제

제 1 절 극한과 도함수

함수의 극한값

함수의 극한 개념을 이해하기 위해서는 수렴의 개념을 먼저 이해하여야 한다. 값이 어떤 값에 점점 가까워지는 것을 수렴이라고 한다. 예를 들어 $a_n = 2 + \frac{1}{n}$을 생각해보자. a_n의 값은 n이 커질수록 아래의 표와 같이 2에 가까워짐을 알 수 있다. 이것이 수렴의 기본개념이다.

n	1	2	3	4	…	1000	10000
$2+\frac{1}{n}$	3.000	2.500	2.333	2.250	…	2.001	2.000

x가 어떤 값 p에 가까워지는 것을 'x는 L에 수렴한다' 또는 'x는 L에 접근한다'라고 하며 기호로 $x \to$ L과 같이 표현한다.

어떤 함수 $y = f(x)$가 주어졌을 때 x가 L에 수렴할 때 함숫값 y도 어떤 값 C에 수렴하면 C를 함수 $f(x)$의 극한이라고 한다. 함수의 극한은 항상 존재하는 것은 아니다. 함수의 극한이 존재하기 위한 조건을 알아보자.

x가 L에 접근하는 방법에는 두 가지 방법이 있다. 하나는 x가 L의 오른쪽에서 접근하는 방법과 다른 하나는 L의 왼쪽에서 접근하는 방법이다. 예를 들어 $2+\frac{1}{n}$과 $2-\frac{1}{n}$은 모두 2로 수렴하는데 $2+\frac{1}{n}$은 2보다 큰 값(2의 오른쪽)에서 2로 접근하는 반면 $2-\frac{1}{n}$는 2보다 작은 값(2의 왼쪽)에서 2로 접근 한다. x가 L의 오른쪽에서 접근하는 것을 $x \to L^+$로 표현하고 x가 L의 왼쪽에서 접근하는 것을 $x \to L^-$로 표현한다. 또한 x가 L의 오른쪽에서 접근할 때 함수 $f(x)$가 어떤 값에 수렴하면 이 값을 $f(x)$의 우극한이라 하고 $\lim_{x \to L^+} f(x)$와 같이 나타내고 x가 L의 왼쪽에서 접근할 때 함수 $f(x)$가 어떤 값에 수렴하

면 이 값을 $f(x)$의 좌극한이라 하고 $\lim_{x \to L^-} f(x)$와 같이 나타낸다. 당연히 이 두 극한값이 항상 같은 것은 아니다. 만일

$$\lim_{x \to L^-} f(x) = \lim_{x \to L^+} f(x)$$

가 성립하면 x가 L에 접근할 때 $f(x)$의 극한값이 존재한다고 할 수 있으며, $\lim_{x \to L} f(x)$으로 나타낸다.

예 제

8-1. 다음과 같이 정의된 함수 $f(x)$의 극한값이 $x = 0$에서 존재하는지 여부를 판단하시오.

(1) $f(x) = x + 2$

(2) $f(x) = \dfrac{1}{x}$

(3) $f(x) = \begin{cases} -1 & x \geq 0 \\ +1 & x < 0 \end{cases}$

풀 이

(1) $\lim_{x \to 0^+} (x+2) = \lim_{x \to 0^-} (x+2) = 2$이므로 $x=0$에서 극한값이 존재한다.

(2) $\lim_{x \to 0^+} \dfrac{1}{x} = +\infty$ 인 반면 $\lim_{x \to 0^-} \dfrac{1}{x} = -\infty$ 가 되어 $\lim_{x \to 0^+} \dfrac{1}{x} \neq \lim_{x \to 0^-} \dfrac{1}{x}$ 이므로 $x=0$에서 극한값이 존재하지 않는다.

(3) $\lim_{x \to 0^+} f(x) = -1$인 반면 $\lim_{x \to 0^-} f(x) = +1$가 되어 $\lim_{x \to 0^+} f(x) \neq \lim_{x \to 0^-} f(x)$ 이므로 $x=0$에서 극한값이 존재하지 않는다.

함수의 극한은 다음 성질을 만족한다.

(1) $\lim_{x \to a} c = c$ (c는 상수)

(2) $\lim_{x \to a} cf(x) = c\lim_{x \to a} f(x)$ (c는 상수)

(3) $\lim_{x \to a} f(x) \pm g(x) = \lim_{x \to a} f(x) \pm \lim_{x \to a} g(x)$

(4) $\lim_{x \to a} f(x)g(x) = \lim_{x \to a} f(x) \lim_{x \to a} g(x)$

(5) $g(x) \neq 0$이고 $\lim_{x \to a} g(x) \neq 0$이면 $\lim_{x \to a} \frac{f(x)}{g(x)} = \frac{\lim_{x \to a} f(x)}{\lim_{x \to a} g(x)}$

(6) 모든 x에 대해 $f(x) < g(x)$이면 $\lim_{x \to a} f(x) < \lim_{x \to a} g(x)$

예 제

8-2. 다음과 같이 정의된 함수의 극한값을 계산하시오.

(1) $\lim_{x \to 2}(x^3 + 3x^2 - 5x + 6)$

(2) $\lim_{x \to 0}(x^2 - 1)(4x^4 + 5)$

(3) $\lim_{x \to 2} \frac{x+3}{x^2-1}$

(4) $\lim_{x \to 1} \frac{x-1}{x^2-1}$

풀 이

(1) $\lim_{x \to 2}(x^3 + 3x^2 - 6x + 6) = 2^3 + 3 \times 2^2 - 5(2) + 6 = 16$

(2) $\lim_{x \to 0}(x^2 - 1)(4x^4 + 5) = \lim_{x \to 0}(0 - 1)(4(0) + 5) = -5$

(3) $\lim_{x \to 2} \frac{x+3}{x^2-1} = \frac{2+3}{4-1} = \frac{5}{3}$

(4) $\lim_{x \to 1} \frac{x-1}{x^2-1} = \lim_{x \to 1} \frac{x-1}{(x+1)(x-1)} = \lim_{x \to 1} \frac{1}{(x+1)} = \frac{1}{2}$

변화율과 도함수

임의의 함수 $y = f(x)$에서 변수 x의 변화에 따른 함수 $f(x)$의 변화량을 살펴보자. 변수 x가 x_0에서 x_1으로 변화하면 y의 값은 $f(x_0)$에서 $f(x_1)$으로 변하게 된다. 변수 x의 변화량인 $x_1 - x_0$를 $\triangle x$로 표기하고, 이에 따른 y의 변화량인 $f(x_0 + \triangle x) - f(x_0)$를 $\triangle y$로 나타낸다면 구간 $(x_0,\ x_1)$에서의 $f(x)$의 평균변화율(average rate of change)은 다음과 같이 정의된다.

$$\frac{\triangle y}{\triangle x} = \frac{f(x_0 + \triangle x) - f(x_0)}{\triangle x}$$

평균변화율은 <그림 8–1>에서 보는 바와 같이 두 점 $\mathrm{P} = (x_0, f(x_0))$와 $\mathrm{Q} = (x_1, f(x_1))$을 지나는 직선의 기울기를 나타낸다.

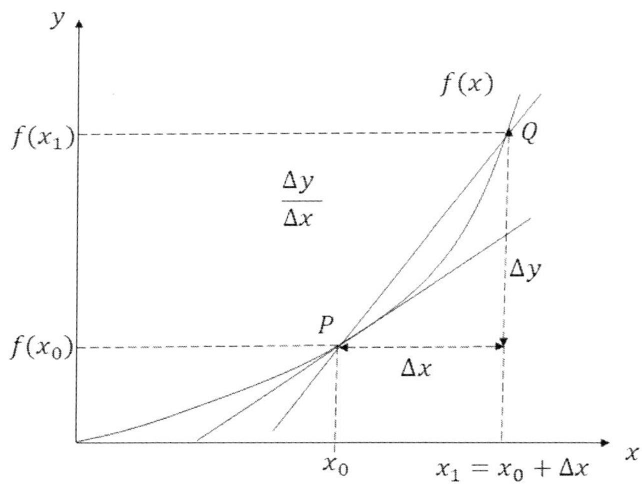

〈그림 8-1〉 평균변화율과 순간변화율

위 식 $\frac{\triangle y}{\triangle x}$에서 $\triangle x$가 0에 가깝게 접근하면, 즉 $\triangle x \to 0$이면 $\frac{\triangle y}{\triangle x}$는 하나의 점 x_0에서의 평균변화율이 된다. 이를 순간변화율이라고 한다. 순간변화율은 <그림 8-1>에서 보는바와 같이 함수 $y=f(x)$의 곡선에서 점 $P=(x_0, f(x_0))$을 지나는 접선의 기울기를 나타낸다. 예를 들어 $f(x) = x^2 + 2$ 이면 $f(x_0) = 2(x_0)^2 + 2$이고 $f(x_0+\triangle x) = 2(x_0+\triangle x)^2 + 2$이므로 평균변화율은 다음과 같다.

$$\begin{aligned}\frac{\triangle y}{\triangle x} &= \frac{2(x_0+\triangle x)^2 + 2 - 2(x_0)^2 - 2}{\triangle x} \\ &= \frac{4x_0\triangle x + \triangle x^2}{\triangle x} \\ &= 4x_0 + \triangle x\end{aligned}$$

만일 $\triangle x$가 0에 가깝게 접근하면 $\frac{\triangle y}{\triangle x}$의 값은 $4x_0$에 가깝게 접근할 것이다. 여기서 $\triangle x$가 0에 가깝게 접근할 때 $\frac{\triangle f}{\triangle x}$값을 극한 기호를 이용하여 다음과 같이 나타내며 이를 $\frac{\triangle f}{\triangle x}$의 극한값이라 한다.

$$\lim_{\triangle x \to 0}\frac{\triangle f}{\triangle x} = \lim_{\triangle x \to 0}(4x_0 + \triangle x) = 4x_0$$

또한 $\triangle x \to 0$일 때의 $\frac{\triangle f}{\triangle x}$의 극한값을 $x = x_0$에서의 미분계수(differential coefficient)라고 하며 $f'(x_0)$로 나타낸다.

함수 $f(x)$의 정의역 안에 임의의 원소 x_0에 대하여 미분계수 $f'(x_0)$를 대응시키는 함수를 $f(x)$의 도함수(derivative)라고 하며, $f'(x)$ 또는 $\frac{dy}{dx}$로 표기한다. 다시 정리하면 다음과 같다.

$$\frac{dy}{dx} \equiv f'(x) \equiv \lim_{\Delta x \to 0}\frac{\triangle y}{\triangle x} = \lim_{\Delta x \to 0}\frac{f(x+\triangle x)-f(x)}{\triangle x}$$

함수의 미분가능성

함수 $f(x)$를 그릴 때 펜을 종이 위에서 떼지 않고 한 번에 그릴 수 있으면 그 함수는 연속이라고 한다. 물론 함수의 연속을 수학적으로 정의할 수 있으나 여기서는 생략한다. 함수의 도함수가 존재하기 위해서는 함수는 반드시 연속이어야 한다. 그러나 함수가 연속함수라서 해서 반드시 도함수를 가질 수 있는 것은 아니다. $y=f(x)$가 $x=x_0$에서 도함수가 존재하기 위해서는 $\triangle x \to 0$일 때의 $\frac{\triangle y}{\triangle x}$의 극한값이 존재해야 한다. 즉 다음이 성립해야 한다.

$$\lim_{\triangle x \to 0} \frac{\triangle y}{\triangle x} = f'(x_0) = \lim_{\triangle x \to 0} \frac{f(x_0 + \triangle x) - f(x_0)}{\triangle x}$$

앞에서도 설명한 바와 같이 극한값이 존재하기 위해서는 좌극한값과 우극한값이 존재하여야 하고 이 두 값이 같아야 한다. $f(x)=|x|$는 함수가 연속이지만 $x=0$에서 도함수가 존재하지 않는 대표적인 예이다.

$f(x)=|x|$는 절댓값 함수로서 다음과 같이 정의된다.

$$f(x) = |x| = \begin{cases} x, & x \geq 0 \\ -x, & x < 0 \end{cases}$$

$x=0$에서 도함수는 $f'(0) = \lim_{\triangle x \to 0} \frac{f(0+\triangle x) - f(0)}{\triangle x} = \lim_{\triangle x \to 0} \frac{f(\triangle x)}{\triangle x}$와 같이 정의된다. 그러나 $\lim_{\triangle x \to 0} \frac{f(\triangle x)}{\triangle x}$의 좌극한값은 $\lim_{\triangle x \to 0^-} \frac{-\triangle x}{\triangle x} = -1$이며 우극한값은 $\lim_{\triangle x \to 0^+} \frac{\triangle x}{\triangle x} = +1$으로 서로 다르므로 $x=0$에서 도함수는 존재하지 않는다.

제 2 절 미분 공식과 성질

미분의 기본 공식

함수 $y = f(x)$일 때, 도함수 $f'(x)$를 구하는 기본 공식은 다음과 같다.

(1) $\frac{d}{dx}(c) = 0$ (c는 상수)

(2) $\frac{d}{dx}(x^n) = nx^{n-1}$ (n는 실수)

예 제

8-3. 다음과 같이 정의된 함수의 도함수를 구하시오.

(1) $f(x) = 300$　　(2) $f(x) = 4x^5$

(3) $f(x) = 4\sqrt{x}$　　(4) $f(x) = x^{-2}$

풀 이

(1) $f'(x) = 0$　　(2) $f'(x) = 20x^4$

(3) $f(x) = 4\sqrt{x} = 4x^{\frac{1}{2}}$ 이므로 $f'(x) = 4 \times \frac{1}{2}x^{\frac{1}{2}-1} = 2x^{-\frac{1}{2}} = \frac{2}{\sqrt{x}}$

(4) $f'(x) = (-2)x^{-2-1} = -2x^{-3}$

로그함수와 지수함수의 미분

5장에서 설명하였던 로그함수와 지수함수의 도함수는 다음과 같다.

(1) $\frac{d}{dx}(\ln f(x)) = \frac{f'(x)}{f(x)}$

(2) $\frac{d}{dx}(\log_a f(x)) = \frac{1}{\ln a}\frac{f'(x)}{f(x)}$

(3) $\frac{d}{dx}(e^{f(x)}) = f'(x)e^{f(x)}$

(4) $\frac{d}{dx}(a^{f(x)}) = a^{f(x)}f'(x)\ln a$

예 제

8-4. 다음과 같이 정의된 함수의 도함수를 구하시오.

(1) $f(x) = \ln 4x^2$ (2) $f(x) = \log_2 x^5$

(3) $f(x) = e^{-2x}$ (4) $f(x) = 3^{4x}$

풀 이

(1) $f'(x) = \frac{\frac{d}{dx}4x^2}{4x^2} = \frac{8x}{4x^2} = \frac{2}{x}$ (2) $f'(x) = \frac{1}{\ln 2}\frac{5x^4}{x^5}$

(3) $f'(x) = e^{-2x}\frac{d}{dx}(-2x) = -2e^{-2x}$ (4) $f'(x) = 3^{4x}(\frac{d}{dx}4x)\ln 3 = 4(3^{4x})\ln 3$

미분의 성질

또한 함수의 도함수를 구할 때 다음과 같은 도함수의 성질을 이용하면 편리하게 도함수를 구할 수 있다.

두 함수 $f(x)$와 $g(x)$의 도함수가 각각 $f'(x)$와 $g'(x)$일 때 다음이 성립한다.

(1) $\frac{d}{dx}(f(x) \pm g(x)) = f'(x) \pm g'(x)$

(2) $\frac{d}{dx}(cf(x)) = cf'(x)$

(3) $\frac{d}{dx}(f(x) \times g(x)) = f'(x)g(x) + f(x)g'(x)$

(4) $\frac{d}{dx}(\frac{f(x)}{g(x)}) = \frac{f'(x)g(x) - f(x)g'(x)}{g(x)^2}$

예 제

8-5. 다음과 같이 정의된 함수의 도함수를 구하시오.

(1) $f(x) = 4x^5 + 3x^3$

(2) $f(x) = 4x^3 + 3\sqrt{x}$

(3) $f(x) = (x^2+2)(x^3-5)$

(4) $f(x) = \frac{1}{x}$ (단, $x \neq 0$)

풀 이

(1) $f'(x) = 20x^4 + 9x^2$

(2) $f'(x) = 12x^2 + 3(\frac{1}{2})x^{-\frac{1}{2}} = 12x^2 + \frac{3}{2\sqrt{x}}$

(3) $f'(x) = 2x(x^3-5) + 3x^2(x^2+2) = 2x^4 - 10x + 3x^4 + 6x^2$
$= 2x^4 + 6x^2 - 10x$

(4) $f'(x) = \frac{-1}{x^2}$

제 3 절 합성함수의 도함수와 고차 도함수

합성함수의 도함수

두 함수 $g : \mathrm{X} \rightarrow \mathrm{Y}$와 $f : \mathrm{Y} \rightarrow \mathrm{Z}$가 주어졌을 때 X의 임의의 원소 x에 대하여 Z의 원소 $f(g(x))$를 대응시킴으로써 X를 정의역, Z를 공역으로 하는 새로운 함수를 정의할 수 있는데 이 함수를 합성함수라고 한다.

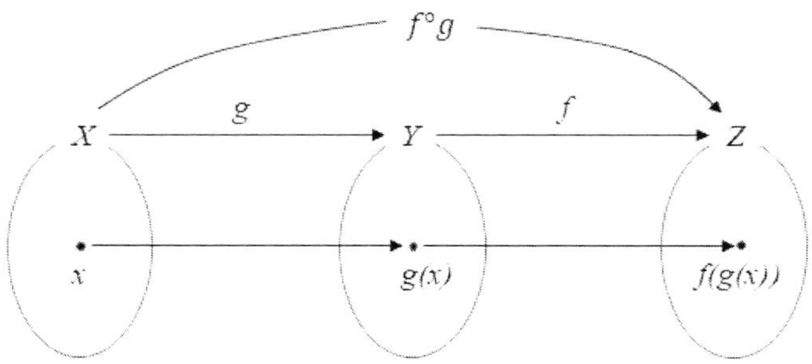

함수 g를 함수 f에 합성한 합성함수는 다음과 같이 정의한다.

$$f \circ g(x) = f(g(x))$$

여기서 $f \circ g(x) \neq g \circ f(x)$임에 주의하여야 한다.

예 제

8-6. $f(x) = x^2$이고 $g(x) = 3x + 2$일 때 다음을 구하시오.

(1) $f \circ g(x)$ (2) $g \circ f(x)$ (3) $g \circ g(x)$

풀 이

(1) $f \circ g(x) = f(g(x)) = (3x+2)^2 = 9x^2 + 12x + 4$

(2) $g \circ f(x) = g(f(x)) = 3(x^2) + 2 = 3x^2 + 2$

(3) $g \circ g(x) = g(g(x)) = 3(3x+2) + 2 = 9x + 8$

생활 속의 함수

(출처 : [네이버 지식백과] 합성함수 「통합논술 개념어 사전」 2007. 12. 15., 한림학사)

합성직행버스 완행버스 : 지탑건설 김대용 사장은 서울에서 출발하여 부산의 해운대에 업무차 출장을 다녀오는 일정을 잡고 비서 김옥민씨에게 버스표를 예매해 달라고 했다. 세상물정 모르는 김옥민씨는 고속터미널을 허겁지겁 다녀왔다.

김사장 : 버스표 끊어 왔지?
김비서 : 다는 못 끊어오고요. 일단 2장만 사왔어요.
김사장 : 2장? 나 혼자 부산 가는데 표를 2장이나 사왔어?
김비서 : 그게 아니고요. 버스표를 끊으러 나갔더니 터미널 입구에서 한 남자가 약속이 취소됐다면서 대전가는 버스표를 싸게 판다는 거예요. 부산가다 보면 대전을 들르게 되잖아요. 그래서 싼값에 샀죠. 근데 마침 그 옆에 있는 사람도 대구에서 부산가는 표를 예매해 놨다가 환불해야 된다면서 사겠냐고 묻더라고요. 옳거니 하고 덥석 헐값에 샀죠. 그러고 나니 이제 대전에서 대구 가는 표만 싸게 사면 금상첨화일 텐데 그 표는 파는 사람이 없더라고요. 그래서 좀 있다가 다시 가보려고요.
김사장 : 이런~ 답답하긴. 시간대를 봤어? 싸게 가는 건 좋은데 그러다가 대전 도착하는 시간에 대구 가는 버스표가 없으면 어떻게 할 건데. 자넨 합성함수의 전제조건도 모르나?

버스표에는 완행이 있고 직행이 있다. 완행은 중간 경우지가 많아 시간이 많이 소요되는 반면 요금이 저렴하고 직행은 출발점에서부터 종착점까지 경유지 없이 한 번에 주행한다. 합성함수의 논리대로라면 완행버스의 출발점과 제 1경유지, 제 1경유지와 제 2경유지, …, 마지막 경유지와 도착지를 분리한 후 출발점(혹은 출발경유지)을 정의역 도착지(도착경유지)를 공역으로 잡게 되면 수 개의 함수가 합성되어 결국 최초 출발점에서 도착지까지를 한 번에 연결하는 함수가 만들어진다. 수학적으로 직행과 완행은 구별이 없다. 그러나 실제론 직행버스를 대부분 선택하는데 이는 소요시간이 또 다른 중요한 선택 요소이기 때문이다.

합성함수의 도함수는 연쇄법칙(chain rule)을 이용하여 구할 수 있다. $f(x)=(3x^2-7)^2$의 도함수를 구할 때에 $(3x^2-7)^2$을 전개한 다음 2절에서 소개한 미분공식을 이용하면 도함수를 구할 수 있다. 하지만 $f(x)$를 $g(x)=(3x^2-7)$를 $h(x)=x^2$에 합성한 합성함수로 생각할 수 있다. 즉, $f(x)=(3x^2-7)^2=h(g(x))=h\circ g(x)$와 같이 생각할 수 있다.

합성함수에 대한 미분공식은 다음과 같다.

(1) $\frac{d}{dx}(g(x)^n) = n\,g(x)^{n-1}g'(x)$ (단 n은 실수)

(2) $\frac{d}{dx}f(g(x)) = \frac{d}{dg(x)}f(g(x))\cdot\frac{d}{dx}g(x) = f'(g(x))g'(x)$

예 제

8-7. 다음과 같이 정의된 합성함수의 도함수를 구하시오.

(1) $f(x) = (3x^2-7)^4$

(2) $f(x) = \sqrt{6x^2-3}$

(3) $f(x) = (2x+1)^4(3x-1)^2$

(4) $y = x^3+1,\ x = z^2-1$일 때 $\frac{dy}{dz}$를 구하시오.

풀 이

(1) $f'(x) = 4(3x^2-7)^3\frac{d}{dx}(3x^2-7) = 4(3x^2-7)^3(6x) = 24x(3x^2-7)^3$

(2) $f'(x) = \frac{1}{2}(6x^2-3)^{-\frac{1}{2}}\frac{d}{dx}(6x^2-3) = 6x(6x^2-3)^{-\frac{1}{2}}$

(3) $$\begin{aligned} f'(x) &= \frac{d}{dx}(2x+1)^4\times(3x-1)^2+(2x+1)^4\frac{d}{dx}(3x-1)^2 \\ &= 4(2x+1)^3(3x-1)^2\frac{d}{dx}(2x+1)+(2x+1)^4 2(3x-1)\frac{d}{dx}(3x-1) \\ &= 8(2x+1)^3(3x-1)^2+6(2x+1)^4(3x-1) \\ &= 2(2x+1)^3(3x-1)\{4(3x-1)+3(2x+1)\} \\ &= 2(2x+1)^3(3x-1)(18x-1) \end{aligned}$$

(4) $\frac{dy}{dx} = 3x^2$이고 $\frac{dx}{dz} = 2z$이므로

$\frac{dy}{dz} = \frac{dy}{dx}\frac{dx}{dz} = (3x^2)(2z) = [3(z^2-1)^2]2z = 6z(z^2-1)^2$

고차 도함수

함수 $y=f(x)$의 도함수 $f'(x)$를 다시 미분하여 얻은 도함수를 함수 $f(x)$의 2차 도함수라고 한다. $f(x)$의 2차 도함수는 $f''(x)$ 또는 $\frac{d^2y}{dx^2}$로 나타낸다. 이를 확장하면 함수 $f(x)$의 n차 도함수는 함수 $f(x)$를 n번 미분한 것으로 다음과 같이 정의할 수 있다.

$$f^{(n)}(x)=\frac{d}{dx}f^{(n-1)}(x)=\frac{d^ny}{dx^n}$$

예 제

8-8. 다음 함수의 2차 도함수를 구하시오.

(1) $f(x)=4x^5+3x^3$

(2) $f(x)=4x^3$

(3) $f(x)=(x^2+2)^3$

(4) $f(x)=\frac{1}{x}$ (단, $x\neq 0$)

풀 이

(1) $f'(x)=20x^4+9x^2$ 이므로 $f''(x)=\frac{d}{dx}(20x^4+9x^2)=80x^3+18x$

(2) $f'(x)=12x^2$ 이므로 $f''(x)=24x$

(3) $f'(x)=6x(x^2+2)^2$ 이므로

$$\begin{aligned}f''(x)&=6(x^2+2)^2+(6x)2(x^2+2)(2x)=6(x^2+2)^2+24x^2(x^2+2)\\&=6(x^2+2)\{(x^2+2)+4x^2\}=6(x^2+2)(5x^2+2)\end{aligned}$$

(4) $f'(x)=\frac{-1}{x^2}$ 이므로 $f''(x)=\frac{-(-1)2x}{(x^2)^2}=\frac{2}{x^3}$

함수 $y=f(x)$의 2차 도함수는 함수의 극솟값과 극댓값을 구할 때 매우 유용하게 사용된다.

제 4 절 도함수의 활용

함수의 증가와 감소 판단

함수 $f(x)$의 정의역 안에 임의의 값 x_0에 대하여 미분계수 $f'(x_0)$는 x_0에서 접선의 기울기를 의미한다. 따라서 접선의 기울기가 양수이면 함수 $f(x)$는 x_0에서 증가함을 의미하며 접선의 기울기가 음수이면 함수 $f(x)$는 x_0에서 감소함을 의미한다. 따라서 함수의 도함수는 그 함수의 증가와 감소를 판단하는데 활용될 수 있다.

함수 $f(x)$의 정의역에 있는 임의의 점 x_0에 대해 $f'(x_0) \geq 0$이면 $f(x)$는 x_0에서 단조증가하며 $f'(x_0) \leq 0$이면 $f(x)$는 x_0에서 단조감소 한다. 또한 $f'(x_0) > 0$이면 $f(x)$는 x_0에서 증가하며 $f'(x_0) < 0$이면 $f(x)$는 x_0에서 감소한다.

예 제

8-9. 다음 함수의 증가하는 영역과 감소하는 영역을 구하시오.

(1) $f(x) = x^2 - 2x + 3$ (2) $f(x) = 3x^5 - 5x^3$

풀 이

(1) $f'(x) = 2x - 2 = 2(x-1)$이므로 $x = +1$에서 $f'(x) = 0$이 되며 1보다 작은 값에서는 음(-)이 되며 +1보다 큰 값에서는 양(+)이 된다. 따라서 함수 $f(x)$는 $(-\infty, +1)$에서 감소하며 $(+1, +\infty)$에서 증가한다.

x	…	+1	…
$f'(x)$	−	0	+
$f(x)$	감소		증가

(2) $f'(x) = 15x^4 - 15x^2 = 15x^2(x+1)(x-1)$ 이므로 $x = -1, 0, +1$ 에서 $f'(x) = 0$ 이 되며 -1보다 작은 값에서는 양(+)이 되고, -1과 0사이에서는 음(-)이 되며, 0과 +1사이에서는 음(-)이 되고, +1보다 큰 값에서는 양(+)이 된다. 따라서 함수 $f(x)$는 $(-\infty, -1)$과 $(+1, +\infty)(0, +1)$에서 증가하며 $(-1, 0)$과 $(0, +1)$에서 감소한다.

x	…	-1	…	0	…	+1	…
$f'(x)$	+	0	−	0	−	0	+
$f(x)$	증가		감소		감소		증가

수요함수와 공급함수

시장에서 가격이 어떻게 형성되는지 설명하는 것은 매우 중요하다. 경제학에서는 수요함수와 공급함수를 이용하여 이를 설명하고 있다. 상품의 수요는 주로 그 가격에 따라 변화한다. 즉 상품의 수요는 가격(p)의 함수로서 표시할 수 있는데 이것을 수요함수($D(p)$)라고 한다. 일반적으로 상품의 가격이 오르면 소비자들의 수요는 감소하게 된다. 즉, $\frac{d}{dp}D(p) = D'(p) < 0$이 된다. 또한 상품의 공급도 주로 그 가격에 따라 변화한다. 상품의 공급도 가격(p)의 함수로서 표시할 수 있는데 이것을 공급함수($S(p)$)라고 하며 일반적으로 상품의 가격이 오르면 공급자들은 시장에 더 많은 상품을 공급하게 되어 공급량은 증가한다. 즉, $\frac{d}{dp}S(p) = S'(p) > 0$이 된다. 이것을 수요법칙과 공급법칙이라고 한다. 이와 같이 어떤 상품이 수요법칙과 공급법칙을 따르는 경우 그 상품의 가격은 <그림 8-2>와 같이 두 곡선이 교차하는 지점에서 결정된다.

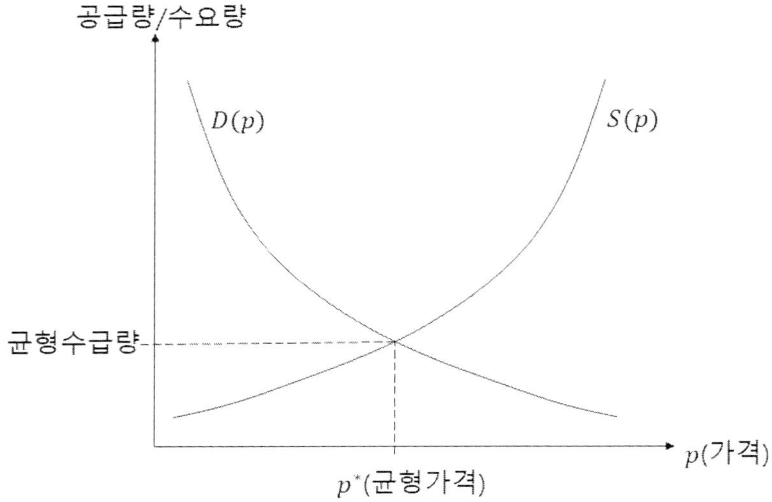

〈그림 8-2〉 수요함수와 공급함수

수요함수와 공급함수의 가격 탄력성

탄력성(elasticity)이란 한 변수 x에 의해 다른 변수 y의 값이 영향을 받는 경우 변수 x의 변화율에 대한 다른 변수 y의 변화율의 비율로 정의된다. 만일 영향을 미치는 변수를 가격으로 하고 영향을 받는 변수를 수요나 공급으로 하면 수요의 가격탄력성과 공급의 가격탄력성을 정의할 수 있다.

수요함수 $\mathrm{D}(p)$는 수요량과 가격의 관계를 나타내는 함수이다. 따라서 가격의 변화에 따라 수요량이 얼마만큼 변화하는지 알아보는 것은 매우 중요하다. 가격이 p_0일 때 가격이 1단위 변화했을 때 수요량의 변화량을 알아보고자 한다면 p_0에서 $\mathrm{D}(p)$의 도함수 $\mathrm{D}'(p_0)$를 고려할 수 있다. 그러나 두 상품의 가격 변화에 따른 수요량의 변화량을 비교하고자 한다면 가격의 단위가 다른 경우 단순히 수요량의 변화량을 비교하는 것은 문제가 있을 수 있다.

이런 문제점을 해결하기 위하여 가격의 단위에 독립적인 척도인 변화율을 이용하였다. p_0에서 가격변화율이란 $\frac{(p_0+\Delta p)-p_0}{p_0}=\frac{\Delta p}{p_0}$와 같이 정의되며 p_0에서 수요량의 변화율이란 $\frac{\mathrm{D}(p_0+\Delta p)-\mathrm{D}(p_0)}{\mathrm{D}(p_0)}$ 와 같이 정의할 수 있다.

상품의 가격 p에 대해 수요량의 변화율을 가격의 변화율로 나눈 것을 수요의 가격탄력성(price elasticity of demand) 또는 단순히 수요의 호탄력성(elasticity of demand)이라고 하며 다음과 같이 정의된다.

$$\text{수요의 가격탄력성} = \frac{\text{수요량의 변화율}}{\text{가격의 변화율}}$$

$$= \frac{\{\mathrm{D}(p+\Delta p)-\mathrm{D}(p)\}\ /\ \mathrm{D}(p)}{\Delta p/p} = \frac{\Delta \mathrm{D}}{\Delta p}\frac{p}{\mathrm{D}(p)}$$

여기서 만일 Δp가 0에 가까이 접근한다면 이를 가격에 대한 수요의 점탄력성이라 하며 다음과 같이 된다.

$$\mathrm{E_I}(p) = \left(\lim_{\Delta p \to 0}\frac{\Delta \mathrm{D}}{\Delta p}\right)\frac{p}{\mathrm{D}(p)} = \mathrm{D}'(p)\frac{p}{\mathrm{D}(p)}$$

수요함수의 가격에 대한 탄력성의 값에 따라 다음과 같이 설명할 수 있다.

(i) $\mathrm{E_I}(p) < -1$이면 수요가 가격의 변화에 탄력적이라고 한다.

(ii) $\mathrm{E_I}(p) = -1$이면 수요가 가격의 변화에 단위 탄력적이라고 한다.

(iii) $-1 < \mathrm{E_I}(p) < 0$이면 수요가 가격의 변화에 비탄력적이라고 한다.

예 제

8-10. 새로 나온 휴대폰의 수요함수가 $Q = D(p) = 200 - 2p$로 주어졌다고 하자.

(1) $p = 90$에서의 점탄력성은 얼마인가?

(2) 가격 p가 어느 범위에 있어야만 수요가 탄력적인가?

풀 이

(1) 점탄력성의 정의 $E_I(p) = D'(p)\dfrac{p}{D(p)}$을 이용하면

$E_I(p) = -2\dfrac{p}{200-2p} = \dfrac{p}{p-100}$ 이므로 $p = 90$ 에서 점탄력성은

$E_I(p) = \dfrac{90}{90-100} = -9$ 이다.

(2) 수요가 탄력적이기 위해서는 $E_I(p) < -1$이어야 하므로 이 조건을 만족시키는 p값의 범위를 참으면 된다.

$E_I(p) = \dfrac{p}{p-100} < -1 \Rightarrow p < -p + 100 \Rightarrow Ep < 50$

이 되므로 $p < 50$일 때 수요가 탄력적이다.

이와 유사하게 공급의 가격에 대한 탄력성을 정의할 수 있다. 공급함수 $S(p)$가 주어졌을 때 상품의 가격 p에 대해 공급량의 변화율을 가격의 변화율로 나눈 것을 공급의 가격 탄력성(price elasticity of supply)은 다음과 같이 정의된다.

$$\text{공급의 가격탄력성} = \frac{\text{공급량의 변화율}}{\text{가격의 변화율}}$$

$$= \frac{\{S(p+\Delta p) - S(p)\}\ /\ S(p)}{\Delta p / p} = \frac{\Delta S}{\Delta p}\frac{p}{S(p)}$$

여기서 만일 Δp가 0에 가까이 접근한다면 이를 가격에 대한 공급의 점탄력성이라 하며 다음과 같이 된다.

$$\mathrm{Es}(p) = \left(\lim_{\Delta p \to 0} \frac{\Delta \mathrm{S}}{\Delta p}\right) \frac{p}{\mathrm{S}(p)} = \mathrm{S}'(p) \frac{p}{\mathrm{S}(p)}$$

공급함수의 가격탄력성의 값에 따라 다음과 같이 설명할 수 있다.

(i) $\mathrm{Es}(p) > 1$이면 공급이 가격의 변화에 탄력적이라고 한다.

(ii) $\mathrm{Es}(p) = 1$이면 공급이 가격의 변화에 단위 탄력적이라고 한다.

(iii) $\mathrm{Es}(p) < 1$이면 공급이 가격의 변화에 비탄력적이라고 한다.

예 제

8-11. 새로 나온 제품의 공급함수가 $\mathrm{Q} = \mathrm{S}(p) = p^2 - 2p + 6$로 주어졌다고 하자. $p = 10$에서의 점탄력성은 얼마인가?

풀 이

공급의 가격에 대한 점탄력성 $\mathrm{Es}(p) = \mathrm{S}'(p) \frac{p}{\mathrm{S}(p)}$을 이용하면

$\mathrm{Es}(p) = (2p-2)\frac{p}{p^2-2p+6} = \frac{2p^2-2p}{p^2-2p+6}$이므로 $p = 10$에서 점탄력성은

$\mathrm{Es}(p) = \frac{2(10^2)-2(10)}{10^2-2(10)+6} = \frac{180}{86} = 2.093$이다. 따라서 가격에 탄력적이라고 할 수 있다.

한계수입과 한계비용

한계(marginal)의 개념은 경영학과 경제학에서 매우 중요하게 사용되는 개념이다. 한계의 개념은 한 변수 x에 의해 다른 변수 y의 값이 영향을 받는 경우 변수 x의 변화로 인하여 발생하는 다른 변수 y의 변화를 의미한다. 이를 이용하여 한계수입, 한계비용 등 다양한 경제적 개념을 정의할 수 있다.

한계수입(marginal revenue : MR)이란 어떤 상품을 한 단위 더 추가로 판매하는 경우 발생하는 총수입의 증가분을 말한다. 어떤 상품에 대한 수요함수는 수요량(Q)과 가격(p)의 관계를 나타내며 $Q = D(p)$로 나타낸다. 만일 함수 $D(p)$가 일대일 대응이라면 D의 역함수 D-1이 존재하여 가격과 수요량의 관계를 $p = D\text{-}1(Q) = f(Q)$로 표현할 수 있다. 이때 기업의 총수입(total revenue) TR은 $TR = pQ$로 정의되는데 p 대신 $f(Q)$를 대입하면

$$TR = Qf(Q)$$

가 된다. 따라서 한계수입은 총수입함수의 도함수를 이용하여 다음과 같이 된다.

$$MR = \frac{dTR}{dQ} = f(Q) + Qf'(Q)$$

예 제

8-12. 어느 상품의 수요량이 $Q = 100 - 2p$로 주어졌을 때 총수입과 한계수입을 구하시오.

풀 이

총수입함수는 $TR = pQ$로 정의되므로 $p = 50 - \frac{Q}{2}$가 되며 이를 TR 함수에 대입하면

$$TR = (50 - \frac{Q}{2})Q = 50Q - \frac{Q^2}{2}$$

$MR = \frac{dTR}{dQ} = 50 - Q$ 이 된다.

한계비용(marginal cost)은 상품을 한 단위 더 생산함으로써 발생하는 총생산비용(total cost)의 증가분을 의미한다. 만일 Q만큼의 상품을 생산하는데 소용되는 총비용을 C(Q)라 표시한다면 한계비용은 생산비용함수 C(Q)의 도함수 $C'(Q)$를 이용하여 구할 수 있다.

예 제

8-13. 어느 제품의 생산비용을 추정한 결과 $C(Q) = 2Q^2 + 10Q + 1000$(단위 : 만원)이었다.

(a) 한계비용함수를 구하시오.

(b) $Q = 1000$일 때의 한계비용을 구하시오.

(c) 실제로 1001번째 제품을 생산하는데 얼마가 소요되는가?

풀 이

(a) 한계비용함수는 $C'(Q) = 4Q + 10$이다.

(b) $Q = 1000$일 때의 한계비용은 $C'(1000) = 4(1000) + 10 = 4010$이다.

(c) $C(1001) - C(1000)$

$$= 2(1001)^2 + 10(1001) + 1000 - \left(2(1000)^2 + 10(1000) + 1000\right)$$

$$= 2004002 + 10010 + 1000 - 2000000 - 10000 - 1000 = 4012$$

제 5 절 함수의 극대 · 극소

극값의 정의

임의의 함수 $y=f(x)$가 주어졌다고 할 때, 이 함수의 최댓값(global maximum value)와 최솟값(global minimum value)는 함수의 정의역에 대해 가장 큰 함숫값과 가장 작은 함숫값을 말한다. 이를 수학적으로 정의하면 다음과 같다.

$f(x)$의 정의역에 있는 모든 x값에 대해
(1) 만일 $f(x) \le f(x^*)$(단, x^*는 정의역에 속한 값임)이면 $f(x^*)$는 이 함수의 최댓값이며,
(2) 만일 $f(x) \ge f(x^*)$(단, x^*는 정의역에 속한 값임)이면 $f(x^*)$는 이 함수의 최솟값이라 한다.

이와 다르게 함수의 극댓값(local maximum value)와 극솟값(local minimum value)는 함수의 정의역에 있는 어느 특정한 값 x^*주위의 모든 x값에 대해 가장 큰 함숫값과 가장 작은 함숫값을 의미한다. 이를 수학적으로 정의하면 다음과 같다.

$f(x)$의 정의역에 있는 어떤 값 x^*에 대해
(1) $x^*-\delta \le x \le x^*+\delta$ 안의 모든 x값에 대해 $f(x) \le f(x^*)$를 만족하는 $\delta > 0$가 존재할 때 $f(x^*)$는 f의 극댓값이며,
(2) $x^*-\delta \le x \le x^*+\delta$ 안의 모든 x값에 대해 $f(x) \ge f(x^*)$를 만족하는 $\delta > 0$가 존재할 때 $f(x^*)$는 f의 극솟값이라 한다.

극댓값과 극솟값을 통틀어 극값(local extremum (value))라고 한다. 최댓값과 최솟값은 극댓값과 극솟값보다 더 강한 개념이다. 즉, 최댓값은 항상 극댓값이며, 최솟값은 항상 극솟값이지만, 그 역은 성립하지 않는다. 기하학적으로, 함수의 그래프는 극대점에서 위로 우뚝 솟아있으며, 극소점에서 아래로 움푹 꺼져있다.

예를 들어 <그림 8-3>에서 이 함수의 정의역이 $D = \{x \mid 0.1 \le x \le 1.1\}$라고 하면 $f(x)$는 $x = 0.1$일 때 6으로 최댓값이 되며 $x = 0.3$일 때 –3으로 최솟값이 된다. 이에 반해 $x = 6.5$일 때 $f(6.5)$값은 주변의 x값에 대한 $f(x)$보다 크므로 극댓값이 되며 $x = 1.0$일 때 $f(1.0)$값은 주변의 x값에 대한 $f(x)$보다 작으므로 극솟값이 된다.

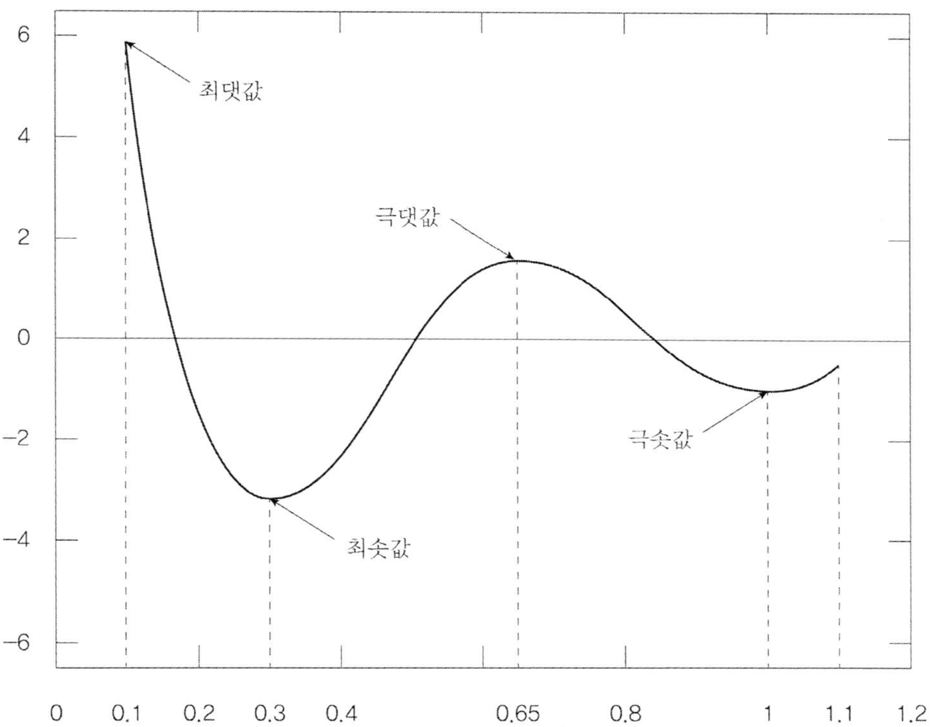

〈그림 8-3〉 최댓값, 최솟값, 극댓값, 극솟값

극댓값과 극솟값의 판정

함수 $f(x)$의 극댓값과 극솟값은 $f(x)$의 일차도함수를 이용하여 다음과 같이 판정할 수 있다.

$f(x)$의 일차도함수 $f'(x)$가 존재하며 $x = x^*$에서 $f'(x^*) = 0$이라고 하자.

(1) $x^* - \delta \le x < x^*$인 x에 대해 $f'(x) > 0$이고 $x^* < x \le x^* + \delta$인 x에 대해 $f'(x) < 0$이면 $f(x^*)$는 극댓값이며,

(2) $x^* - \delta \le x < x^*$인 x에 대해 $f'(x) < 0$이고 $x^* < x \le x^* + \delta$인 x에 대해 $f'(x) > 0$이면 $f(x^*)$는 극솟값이다. 여기서 $\delta \ge 0$이다.

예제

8-14. 함수 $f(x) = 2x^3 + 6x^2 - 18x + 5$의 극댓값과 극솟값을 구하여라.

풀이

$f'(x) = 6x^2 + 12x - 18 = 6(x+3)(x-1) = 0$에서 $x = -3$, $x = 1$일 때 $f'(x) = 0$임을 알 수 있다. 따라서 두 점 $x = -3$, $x = 1$의 양쪽에서 $f'(x)$ 값의 부호를 요약한 표를 작성하면 다음과 같다.

x		−3		+1	
$f'(x)$	+	0	−	0	+
$f(x)$	증가	59	감소	−5	증가
		극대		극소	

따라서 $f(-3) = 59$는 극댓값이고 $f(1) = -5$는 극솟값이 된다.

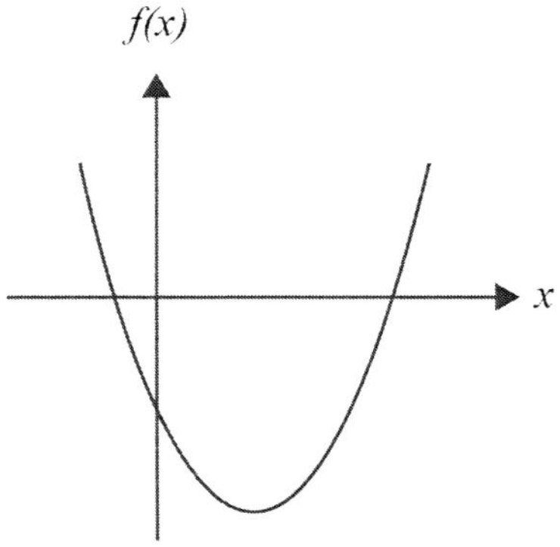

(a) $f(x) = x^2 - 3x - 4$ 그래프

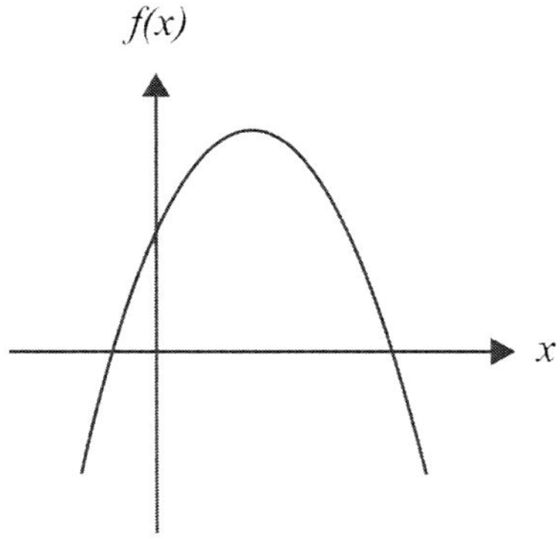

(b) $f(x) = -x^2 + 3x + 4$ 그래프

〈그림 8-4〉 볼록함수와 오목함수의 예

함수 $f(x)$의 이차도함수를 이용하면 함수가 볼록함수인지 오목함수인지를 판정할 수 있다. 예를 들어 $f(x) = x^2 - 3x - 4$의 그래프는 <그림 8-4> (a)와 같으며 볼록함수임을 알 수 있으며 $g(x) = -x^2 + 3x + 4$의 그래프는 <그림 8-4> (b)와 같으며 오목함수(위로 볼록함수)이다. 각 각의 함수에 대해 이차도함수를 구하면 $f''(x) = 2$와 $g''(x) = -2$가 된다. 따라서 이차도함수의 값이 양이면 그 함수는 볼록함수이며 음이면 오목함수가 된다. 이차도함수의 이러한 성질은 함수의 극댓값과 극솟값을 구하는데 활용될 수 있다.

함수 $f(x)$의 극댓값과 극솟값은 $f(x)$의 일차도함수와 이차도함수를 이용하여 다음과 같이 판정할 수 있다.

> $f(x)$의 일차도함수 $f'(x)$와 이차도함수 $f''(x)$가 존재하며 $x = x^*$에서 $f'(x^*) = 0$이라고 하자.
>
> (1) 만일 $f''(x^*) < 0$이면 $f(x^*)$는 극댓값이며,
>
> (2) 만일 $f''(x^*) > 0$이면 $f(x^*)$는 극솟값이다.

예 제

8-15. 함수 $f(x) = 2x^3 + 6x^2 - 18x + 5$의 극댓값과 극솟값을 일차도함수와 이차도함수를 이용하여 구하시오.

풀 이

$f'(x) = 6x^2 + 12x - 18 = 6(x+3)(x-1) = 0$에서 $x = -3$, $x = 1$일 때 $f'(x) = 0$임을 알 수 있다. 또한 $f''(x) = 12x + 12$이며 $f''(-3) = -24 < 0$이고 $f''(1) = 24 > 0$이므로 함수 $f(x)$는 $x = -3$에서 극댓값 59를 갖고 $x = 1$에서 극솟값 -5를 갖는다.

8-16. 어느 기업은 새로운 휴대폰을 개발하여 시장에 선보였다. 이 휴대폰의 수요함수가 Q = D$(p) = 200 - 2p$로 주어졌다고 할 때 이 기업의 수입이 극대가 되는 가격을 구하여라. 그 극댓값이 최대수입이 됨을 설명하시오.

풀 이

이 기업의 수입은 $\text{TR} = p\text{Q} = p(200 - 2p) = -2p^2 + 200p$와 같이 되며

$\dfrac{d\text{TR}}{dp} = -4p + 200 = -4(p - 50) = 0$에서 $p = 50$일 때 TR= 0이 된다. 따라서

$p < 50$일 때 $\dfrac{d\text{TR}}{dp} > 0$이며 $p > 50$일 때 $\dfrac{d\text{TR}}{dp} < 0$이므로 $p = 50$일 때 TR은 극대가

된다. 또한 TR은 정의역은 $(0, \infty)$이며 50보다 큰 모든 p에 대해 $\dfrac{d\text{TR}}{dp} < 0$이므로

TR은 $(50, \infty)$에서 감소한다. 따라서 TR은 $p = 50$일 때 가장 큰 값을 갖게 되므로 $p = 50$일 때 최댓값을 갖는다. 따라서 가격이 50만원일 때 수입이 최대가 된다.

연 습 문 제

1. 다음 함수의 극한값을 구하시오.

(1) $y = \lim_{x \to 1} x^2$

(2) $y = \lim_{x \to 1} 10x^2$

(3) $y = \lim_{x \to 1} (3x^2 + 3x)$

(4) $y = \lim_{x \to 1} (x^2 - 2)(x^3 - 1)$

(5) $y = \lim_{x \to 1} \frac{(3x^2 - 3)}{(x^2 - 3x)}$

(6) $\lim_{x \to 3} \frac{x^2 - 9}{x - 3}$

2. 다음 주어진 함수의 일차도함수를 구하시오.

(1) $y = 10$

(2) $y = x^3 - 2x^2 + 3x - 7$

(3) $y = 3x^{-4} + 2x^3 + 6x$

(4) $y = 3x^{\frac{1}{3}} - 7x^{-2} + 4x - 1$

3. 다음 주어진 함수의 이차도함수를 구하시오.

(1) $f(x) = x^7 - 2x^3 + 2$

(2) $f(t) = (3t^3 + 2)^4$

(3) $f(x) = x^3 - 2x^2 + 3x - 7$

(4) $f(x) = x^5 - 2x^4 + 2$

4. 다음 주어진 함수의 일차도함수를 구하시오.

(1) $y=(3x^2-3)(x^2-3x)$

(2) $y=\dfrac{3x^2-3}{x^2-3x}$(단, $x\neq 0,\ x\neq 3$)

(3) $f(x)=\dfrac{2x+4}{x+1}$(단, $x\neq -1$)

(4) $f(x)=(x^2+3x+1)(2x^2+2x+3)$

5. 다음 주어진 함수의 일차도함수를 구하시오.

(1) $f(x)=e^{-7x^2}$

(2) $f(x)=\ln(3x+2)$

(3) $f(x)=3^x$

(4) $f(x)=\log_{10}(3x^2-3)$

(5) $f(x)=e^{(3x^2-3)}$

(6) $f(x)=10^{(3x^2-3)}$

6. 다음을 미분하시오.

(1) $y = (6x^3-2x)^5$

(2) $y = (x+5)^{10}$

(3) $y = (x^3-3x^2)^3$

(4) $y = (4x^2+2x)^4$

(5) $y = (x^5-7x^4)^2$

7. $y = x^3 + 1$이고 $x = -z^2 + 5$일 때 $\dfrac{dy}{dz}$를 구하시오.

8. 다음 주어진 함수에 대하여 일차도함수만을 이용하여 극댓값과 극솟값을 구하시오.

(1) $f(x) = x^3 + 3x^2 - 24x + 10$

(2) $f(x) = \dfrac{3}{4}x^4 + 2x^3$

(3) $f(x) = x^3 - 6x^2 + 9x + 4$

9. 다음 주어진 함수에 대하여 일차도함수와 이차도함수를 이용하여 극댓값과 극솟값을 구하시오.

(1) $f(x) = x^3 + 3x^2 - 24x + 10$

(2) $f(x) = \dfrac{3}{4}x^4 + 2x^3$

(3) $f(x) = x^3 - 6x^2 + 9x + 4$

10. 새로 개발된 제품의 수요함수는 $D(p) = 300 - 2p$라고 알려져 있다. (여기서 p는 가격이고 단위는 만원이다.)

(1) $p = 50$일 때의 가격탄력성을 구하시오.

(2) 어느 가격 범위에서 수요가 탄력적인가?

(3) 가격탄력성이 -1이 되는 p값을 구하시오.

11. A사에서 새롭게 출시한 자동차의 수요함수가 $Q = D(p) = 100 - 2p$로 주어졌다고 하자.

(1) $p = 10$에서의 가격탄력성은 얼마인가?

(2) 가격 p가 어느 범위에 있어야만 수요가 탄력적인가?

12. H사에서 새롭게 출시한 제품의 공급함수가 $S(p) = 2p^2 - 4p + 200$로 주어졌다고 하자.

(1) $p = 10$에서의 가격탄력성은 얼마인가?

(2) 이 제품의 가격 p가 어느 범위에 있어야만 공급이 탄력적인가?

13. 총생산비용함수가 $C(Q) = \frac{1}{30}Q^2 + 20Q + 480$으로 주어져 있다.

(1) 한계생산비용함수를 구하시오.

(2) 30개를 생산하고 난 직후의 한계생산비용 (즉, $Q = 30$일 때의 한계생산비용)을 구하고 이 값의 의미를 설명하시오.

(3) 실제 31번째 제품의 생산에는 얼마가 소요되는가?

14. 새로 개발된 제품을 한 주에 Q개를 생산하는데 소요되는 비용은 $C(Q) = \frac{1}{4}Q^2 + 20Q + 400$이다.

(1) 한계생산비용함수를 구하시오.

(2) 100개를 생산하고 난 직후의 한계생산비용 (즉, $Q = 100$일 때의 한계생산비용)을 구하고 이 값의 의미를 설명하시오.

(3) 실제 101번째 제품의 생산에는 얼마가 소요되는가?

15. 새로 개발된 제품의 수요량은 $Q = D(p) = 300 - 2p$라고 알려져 있다. (여기서 p는 가격이고 단위는 만원이다.) 한 주에 제품 Q개를 생산하는데 소요되는 비용은 $C(Q) = 1000 + 8Q$이다. 단, 이익 = (수입 − 비용), 수입 = (가격 × 수량)이며 생산된 제품은 모두 판매된다고 가정한다. 이익을 극대화하는 주당 생산량은 얼마인가? 이 극댓값은 최댓값이 되는가?

16. 새로 개발된 제품의 수요량은 $Q = D(p) = 100 - 2p$라고 알려져 있다. (여기서 p는 가격이고 단위는 만원이다.) 한 주에 Q개를 생산하는데 소요되는 비용은

$C(Q) = \frac{1}{2}Q^2 + 20Q + 40$이다.

(1) 이익($\pi(Q)$)을 Q의 함수로 나타내시오.

(2) 주당 생산량이 얼마일 때 이익이 극대화가 되는가? 이 극댓값은 최댓값이 되는가?

17. 수요곡선은 $p = 200 - 1.5Q$이다. (여기서 p는 가격이고, Q는 제품의 수요량을 나타낸다.) 한 주에 제품 Q개를 생산하는데 소요되는 원가는 $500 + 65Q$이다.

(1) 만일 최대 생산 능력이 100이라면 최대 이익을 얻기 위한 주당 생산량은 얼마인가?

(2) 만일 최대 생산 능력이 30이라면 최대 이익을 얻기 위한 주당 생산량은 얼마인가?

해 답 제 2 장

1. ③ ⑦

2. ③

3. ④

4. ④

5. ③

6. 집합 (1), (4), 집합이 아닌 것 : (2), (3)

7. 생략

8. 생략

9. (1) $4.05=\frac{405}{100}=\frac{81}{20}$ (2) 7 (3) $\frac{3}{10}$ (4) $\frac{215}{100}=\frac{43}{20}$

10. 100

11. (1) $\sqrt{30}$ (2) $5\sqrt{2}$ (3) $\sqrt{2}$

12. (1) $2(\sqrt{3}+1)$ (2) $5(2+\sqrt{3})$ (3) $2(2+\sqrt{3})$

13. 생략

14.

(1) $\varnothing$, $\{x\}$, $\{y\}$, $\{x, y\}$

(2) $\varnothing$, {서울}, {대전}, {부산}, {서울, 대전}, {서울, 부산}, {대전, 부산}, {서울, 대전, 부산}

15. (1) $B \cap C = \varnothing$ (2) $B \cup C = \{1, 2, 3, 4, 5, 6, 7, 8, 9, 10\}$

(3) $A - B = \{1, 3, 5, 7\}$ (4) $A \cap B = \{2, 4, 6\}$

16.

(1) $\{1, 2, 3, 4, 5, 6, 8, 10\}$ (2) $\{2, 4\}$

(3) $\{1, 3, 5\}$ (4) $\{1, 3, 5\}$

(5) $\{2, 4, 6, 7, 8, 9, 10\}$ (6) $\{1, 2, 3, 4, 5\}$,

(7) $\{7, 9\}$ (8) $\varnothing$

(9) $(A \cup B)^c = 7, 9$이고 $A^c \cap B^c = \{6, 7, 8, 9, 10\} \cap \{1, 3, 5, 7, 9\} = \{7, 9\}$이므로 $(A \cup B)^c = A^c \cap B^c$이다.

17. (1) $A = \{1, 2, 3, 4, 5, 6\}$, $B = \{1, 3, 5\}$, $C = \{3, 4, 5, 6\}$

(2) $\{3, 5\}$ (3) $\{1, 3, 4, 5, 6\}$ (4) $\{2, 4, 6\}$ (5) $\{1, 3, 5\}$

18. {(축구, 손홍민), (축구, 류현진), (축구, 김현경), (야구, 손홍민), (야구, 류현진), (야구, 김현경), (배구, 손홍민), (배구, 류현진), (배구, 김현경)}

19. ② ⑤

20. (1) ‘이 자동차는 연료가 있다’

(2) ‘이 자동차는 연료가 없고 배터리도 없다’

(3) ‘이 자동차는 연료가 없거나 배터리가 없다’

(4) ‘이 자동차는 연료가 없으면 시동이 걸리지 않는다’

(5) ‘이 자동차는 연료가 없거나 배터리가 없으면 시동이 걸리지 않는다’

21. 명제 '자동차가 연료가 없으면 시동이 걸리지 않는다'에 대하여 이 명제의

역 : '자동차가 시동이 걸리지 않으면 연료가 없다'

이 : '자동차가 연료가 있으면 시동이 걸린다'

대우 : '자동차가 시동이 걸리면 연료가 있다'

22. (1) $p(x)$의 진리집합 = {2, 4, 6, 8, 10}, $q(x)$의 진리집합 = {3, 6, 9}

(2) $p(x) \wedge q(x)$의 진리집합 = {6}

(3) $p(x) \vee q(x)$의 진리집합 = {2, 3, 4, 6, 8, 9, 10}

해 답 제 3 장

1.

(1) $3a+2b$

(2) $5axy$

(3) $a^2b^2c^4$

(4) $\frac{y}{5}-\frac{x}{3}$

2.

(1) -84

(2) 62

(3) -8

(4) -1

3.

(1) 3차식

(2) x에 관한 4차식, y에 관한 2차식

(3) 5차식

4.

(1) $200000x+350000x=550000x$

(2) $700000x$

(3) $700000x-550000x=150000x$

5. $(20-y)$억 원

6.

(1) $10x+5y$

(2) $20x+10y$

(3) $50x+40y$

(4) $(10x+5y)+(20x+10y)+(50x+40y)=80x+55y$

7.

(1) x^{10} (2) x^2

(3) $x^8y^4z^2$ (4) y^2

8.

(1) x^2 (2) x^8 (3) x^{15}

9.

(1) x^4y^4 (2) x^6y^4

(3) $\dfrac{b^{12}}{a^6}$ (4) $\dfrac{b^6}{a}$

10.

(1) $x^{\frac{2}{3}}y$ (2) x^6y (3) $\dfrac{b^2}{a^3}$

11.

(1) $2a^2b$ (2) $3xy$ (3) $\dfrac{4a}{b^2}$

12.

(1) $\dfrac{1}{3}$ (2) $8a^3x^5$

13.

(1) $9a^2+12ab+4b^2$

(2) $9x^2-12xy+4y^2$

(3) $9x^2-12xy+4y^2$

14.

(1) $2x^2-3y^2+xy$

(2) $2x^2-x-6$

15.

(1) x^2+5x+6

(2) $6x^2+13x+6$

(3) $2x^2-8x+6$

16. $x^2+y^2=8,\ (x+y)^2=12$

17.

(1) 44

(2) -30

18. x^2-2x-7

19. $3x+3$

20.

(1) $y=\dfrac{2}{3}x$

(2) $y=-\dfrac{2}{5}x+\dfrac{9}{5}$

해답 제 4 장

1.

(1) $x=2$ (2) $x=4$

(3) $x=3$ (4) $x=4$

2.

(1)

x	1	2	3	4	5	6	7
y	6	8	10	12	14	16	18

(2) $x=2, y=1$ (3) 없음

3. 336

4. 29

5. 5000

6. 10만원

7. $x=5, y=1$

8.

(1) $x=-\frac{10}{6},\ y=\frac{7}{6}$ (2) $x=1,\ y=-1$

(3) $x=-\frac{9}{5},\ y=-\frac{8}{5}$

9. $a=\frac{8}{5},\ b=\frac{6}{5}$

10. 25

11. 42

12. 200

13. 11

14. A = 15억 원, B = 5억 원

15. {2, 4}

16. (1) $<$ (2) $<$ (3) $<$ (4) $>$ (5) $>$ (6) $>$

17. $x > 3$

18. 11개월

19. $x \leq 19000$

20. 10개

21. 150

22. (1) $x > 3$ (2) 해가 없음 (3) $x < -3$

23. 4

24. $450 \leq x \leq 500$

해 답 제 5 장

1.

(1) $x^2(x+y)(x-y)$

(2) $(x-2)^2$

(3) $y(x+2)$

2.

(1) $(x-4)^2$

(2) $(x+8)^2$

(3) $2(x+2)^2$

3.

(1) $(x+6)(x-1)$

(2) $(2x-1)(x+4)$

(3) $(a-1)(b-1)$

(4) $(x+y-1)(x+y+1)$

(5) $(x+y+6)(x+y-4)$

(6) $(2(x-y)+5)(x-y-1)$

4.

(1) $(x^2-5x+2)(x^2-5x+8)$

(2) $(x+y-1)(x-y+2)$

5. 32

6.

(1) $x = -\frac{2}{3}$ or 2

(2) $x = \frac{-5+\sqrt{41}}{2}$ or $\frac{-5-\sqrt{41}}{2}$

(3) $x = -1$ 또는 $\frac{5}{2}$

(4) $x = -1$ or $\frac{4}{3}$

7. $\alpha + \beta = +\frac{8}{5}$, $\alpha\beta = \frac{3}{5}$

8. $x^2 + x - 6 = 0$

9. $x = 18.3$

10. $x = 3$

11. $Q = 400$

12. 높이=20, 밑변=25

13. P=16

해 답 제 6 장

1. 함수=(1), (3), 1대1 대응

2. 일차함수 : (1), (4)

3.

(1) x절편 $= \frac{5}{3}$, y절편 $=-5$

(2) x절편 $= \frac{1}{2}$, y절편 $=-1$

(3) x절편 $=1$, y절편 $=-3$

(4) x절편 $= -\frac{8}{5}$, y절편 $= \frac{4}{5}$

4.

(1) 생략

(2) x절편 $= \frac{1}{2}$, y절편 $=1$

(3) 생략

(4) 생략

5. -9

6. (1) b (2) c (3) c (4) d (5) c (6) a, b, d

7.

(1) $y = 600 + 10Q$(만원)

(2) 총수입 $= 12Q$(만원)

(3) $Q = 300$

8.

(1) 연간총비용 $= 10000 + 10x$(만원)

(2) 총수입 $= 20x$(만원)

(3) 1001명 이상

(4) $10x - 12000 <$ 이익 $< 10x - 8000$

(5) 1112명 이상

9. (생략)

10. 꼭짓점 좌표(-8, -28), y축과 교점 (0, 4)

11. 최댓값 = 6, 최솟값은 없음, 치역$=\{y|y \le 6\}$

12. 가로 10cm, 세로 10cm

13.

(1) $R(Q)=-\frac{1}{500}Q^2+20Q$　　(2) $Q^*=5000$

14.

(1) $f(x)=50x-\frac{1}{100}x^2$　　(2) $x^*=2500$

15.

(1) 수입 $=50Q-\frac{1}{2}Q^2$　　(2) $Q^*=50$

(3) 이익 $=30Q-\frac{1}{2}Q^2-400$　　(4) $Q^*=20$ 또는 40

16.

(1) 20　　(2) $\frac{\ln 50}{\ln 10}$

(3) 10　　(4) $c=4,\ m=\frac{1}{10}ln(\frac{1}{4})$

17. 대안1 : 8144.47, 대안2 : 7429.74, 대안3 : 7095.34
따라서 대안 1을 추천

18. $(1.05)^{2t}$(억 원)

해 답 제 7 장

1.

(1) 행벡터

(2) 정방행렬

(3) 단위행렬

(4) 역행렬

(5) 전치행렬

2.

(1) 행의 수 = 3, 열의 수 = 4

(2) -4, 6

(3) 12

(4) (3×4)

3.

(1) $\begin{pmatrix} 6 & 8 \\ 10 & 12 \end{pmatrix}$

(2) $\begin{pmatrix} 4 & 4 \\ 4 & 4 \end{pmatrix}$

(3) $\begin{pmatrix} 11 & 14 \\ 17 & 20 \end{pmatrix}$

(4) $\begin{pmatrix} 9 & 10 \\ 11 & 12 \end{pmatrix}$

(5) $\begin{pmatrix} 3 & 2 \\ 1 & 0 \end{pmatrix}$

4.

(1) $a = 2,\ b = 3,\ c = 5,\ d = 8$

(2) 생략

(3) $a = -1,\ b = 3,\ c = \frac{11}{2},\ d = \frac{1}{2}$

(4) 생략

(5) 생략

5.

(1) 14

(2) $(14\ \ 32)$

(3) $\begin{pmatrix} 14 \\ 32 \end{pmatrix}$

(4) $\begin{pmatrix} 14 & 32 \\ 32 & 77 \end{pmatrix}$

(5) $\begin{pmatrix} 7 & 16 \\ 19 & 46 \end{pmatrix}$

6.

(1) $-\frac{1}{2}\begin{pmatrix} 8 & -6 \\ -7 & 5 \end{pmatrix}$ (2) 생략 (3) 생략

(4) 생략 (5) $\frac{1}{6}\begin{pmatrix} 3 & -1 \\ 0 & 2 \end{pmatrix}$

7. 생략

8.

(1) $\begin{pmatrix} 1 & 4 \\ 2 & 5 \\ 3 & 6 \end{pmatrix}$ (2) 생략 (3) 생략

(4) 생략 (5) $\begin{pmatrix} 3 & 2 \\ 2 & 4 \end{pmatrix}$

9.

(1) $\begin{pmatrix} 2 & 3 \\ 1 & 4 \end{pmatrix}\begin{pmatrix} x \\ y \end{pmatrix} = \begin{pmatrix} 4 \\ -2 \end{pmatrix} \Rightarrow \begin{pmatrix} x \\ y \end{pmatrix} = \frac{1}{5}\begin{pmatrix} 22 \\ -8 \end{pmatrix}$

(2) 생략 (3) 생략

10.

(1) 50 (2) 360

(3) (60 150 360 250) : A, B, C, D의 1사분기 판매량

(4) $\begin{pmatrix} 20 & 50 & 140 & 100 \\ 10 & 40 & 120 & 80 \\ 30 & 60 & 100 & 70 \end{pmatrix}\begin{pmatrix} 10 \\ 20 \\ 30 \\ 40 \end{pmatrix}$

11.

(1) 20

(2) (60 40 30) 서울, 대전, 광주지사에 근무하는 사원의 수

(3) $(500\ \ 600\ \ 700)\begin{pmatrix} 20 & 5 & 5 \\ 10 & 15 & 10 \\ 30 & 20 & 15 \end{pmatrix}$

해 답 제 8 장

1.

(1) 1 (2) 10 (3) 6

(4) 0 (5) 0 (6) 6

2.

(1) $\dfrac{dy}{dx}=0$

(2) $\dfrac{dy}{dx}=3x^2-4x+3$

(3) $\dfrac{dy}{dx}=-12x^{-5}+6x^2+6$

(4) $\dfrac{dy}{dx}=x^{-\frac{2}{3}}+14x^{-3}+4$

3.

(1) $f''(x)=42x^5-12x$

(2) $f''(t)=36t(3t^3+2)^2(33t^3+4)$

(3) $f''(x)=6x-4$

(4) $f''(x)=20x^3-24x^2$

4.

(1) $\dfrac{dy}{dx}=12x^3-27x^2-6x+9$

(2) $\dfrac{dy}{dx}=\dfrac{-9x^2+6x-9}{(x^2-3x)^2}$

(3) $f'(x)=\dfrac{-2}{(x+1)^2}$

(4) $f'(x)=12x^3+24x^2+22x+11$

5.

(1) $f'(x) = -14xe^{-7x^2}$

(2) $f'(x) = \dfrac{3}{3x+2}$

(3) $f'(x) = (\ln 3)3^x$

(4) $f'(x) = \dfrac{1}{\ln 10}\dfrac{6x}{3x^2-3}$

(5) $f'(x) = 6xe^{(3x^2-3)}$

(6) $f'(x) = (\ln 10)(6x)10^{(3x^2-3)}$

6.

(1) $\dfrac{dy}{dx} = 5(6x^3-2x)^4(18x^2-2)$

(2) $\dfrac{dy}{dx} = 10(x+5)^9$

(3) $\dfrac{dy}{dx} = 3(x^3-3x^2)^2(3x^2-6x)$

(4) $\dfrac{dy}{dx} = 4(4x^2+2x)^3(8x+2)$

(5) $\dfrac{dy}{dx} = 2(x^5-7x^4)(5x^4-28x^3)$

7. $\dfrac{dy}{dz} = -6z(-z^2+5)^2$

8.

(1) 극댓값 $f(-4) = 90$, 극솟값 $f(2) = -18$

(2) 극댓값은 존재하지 않음, 극솟값 $f(-1) = -\dfrac{5}{4}$

(3) 극댓값 $f(1) = 8$, 극솟값 $f(3) = 4$

9. 8번과 동일

10.

(1) $E_I(50) = -0.5$ (2) $P > 75$ (3) $P = 75$

11.

(1) $E_I(10) = -0.25$ (2) $P > 25$

12.

(1) $E_S(10) = 1$ (2) $P > 10$

13.

(1) $C'(Q) = \frac{1}{15}Q + 20$

(2) $C'(30) = 22$, 30개를 생산하고 31번째 제품을 생산하는데 소요되는 비용

(3) $C(31) - C(30) = 22.03$

14.

(1) $C'(Q) = \frac{1}{2}Q + 20$

(2) $C'(100) = 70$, 100개를 생산하고 101번째 제품을 생산하는데 소요되는 비용

(3) $C(101) - C(100) = 70.25$

15. $Q^* = 142$, 이익의 극댓값 = 9082이며 이 값은 최댓값이 된다.

16.

(1) $\Pi(Q) = -Q^2 + 30Q - 40$

(2) $Q^* = 15$, 이익의 극댓값은 185이며 이 값은 최댓값이 된다.

17.

(1) $Q^* = 45$ (2) $Q^* = 30$

■ 찾아보기

❑ 임 재 학

충남대학교 자연과학대학 계산통계학과 (이학사)

충남대학교 대학원 계산통계학과 (이학석사)

University of Nebraska - Lincoln (통계학박사)

전) 한국전자통신연구원 선임연구원

전) 한국신뢰성학회 회장

전) 한밭대학교 미래산업융합대학 학장

전) 한밭대학교 창업경영대학원 원장 / 경상대학 학장

현) 한밭대학교 회계세무학과 교수

경영수학 (제3판)

제1판 발행 · 2021년 02월 26일

제2판 발행 · 2022년 03월 22일

제3판 발행 · 2025년 02월 17일

저 자 · 임 재 학

발 행 인 · 정 성 열

발 행 처 · 도서출판 ONE

주 소 · 서울특별시 영등포구 선유로3길 10

등 록 · 제 313-2003-427호

전 화 · 02-323-8536

팩 스 · 02-323-8531

저자와의 협의하에 인지생략

ISBN 978-89-6481-483-3

정가 14,000원

- 이 책은 저작권법에 의해 보호를 받으므로 어떠한 형태의 무단 전재나 복제를 금합니다.
- 파본은 교환하여 드립니다.

- http://one-book.co.kr